『御文』のこころ

―蓮如上人からの手紙―

廣瀬　惺

東本願寺出版

はじめに

本書は、『同朋新聞』（二〇一三年二月号〜二〇一四年一月号）に連載された廣瀬惺氏の「蓮如上人からのメッセージ―御文に学ぶ―」（全十二回）に加筆・修正をいただき、書籍化したものです。

東本願寺出版発行『真宗大谷派勤行集』（赤本）に収載されている「御文」四通に加え、一帖目第一通のほか代表的な「御文」全八通の全文とそのあじわいを掲載しており、また書籍化にあたって、本書で取り上げているすべての「御文」に意訳を付していただきました。

本書をきっかけとして、一人でも多くの方が、日々、蓮如上人の『御文』を拝読され、上人が本願念仏の教えをあらゆる人に届けようと、苦心してしたためられたメッセージを聴く生活がはじまっていくことを願っています。

目次

凡例

・本文中の聖典第二版とは、東本願寺出版発行の『真宗聖典 第二版』を指します。

・各項冒頭の『御文』原文は、東本願寺出版発行の『真宗聖典 第二版』にもとづいていますが、読みやすさを考慮して、著者の見解をもとに改行を施しました。

・本書の『御文』および『蓮如上人御一代記聞書』の意訳は、法藏館発行の『意訳真宗聖典』・『現代の聖典　蓮如五帖御文』・『現代の聖典　蓮如上人御一代記聞書』を参考にして著者が訳しました。

・本文、引用文中の括弧の中、および「意訳」と注記した引文は著者の意訳です。

一　蓮如上人と『御文』（一）

■法然・親鸞・蓮如

印度・中国・日本と、出家仏教を表街道《おもてかいどう》とする仏教の歴史の中を地下水のように流れ続けてきた本願念仏《ほんがんねんぶつ》の教えは、歴史上、法然上人《ほうねんしょうにん》によってはじめて「浄土宗《じょうどしゅう》」の名のもとに立宗《りっしゅう》されました。そして、親鸞聖人《しんらんしょうにん》によって徹底して明らかにされ、さらに、蓮如上人《れんにょしょうにん》の尽力《じんりょく》によって今日の私たちのところに届けられているのであります。かつて、作家の五木寛之《いつきひろゆき》氏は、その三人の方がなされたお仕事について、次のような言葉であらわしてくださいました。

法然は、「大事なことを、易《やさ》しく」おこなうことを教えた人である。(略)親鸞は、「易しいことを、深く」きわめようとした人であった。(略)蓮如は、「深いことを、広く」伝えようと、渾心《こんしん》の力をこめて生き抜いた人であった

(『蓮如』前進座公演パンフレットより)

私たちは、日々の仕事やさまざまな出来事の中で、追われるように生きていきます。そのような私たちにとって「大事なこと」、それは「生死出《しょうじい》ずべき道」を明らかにすることであると教えられています。迷いを出る道であり、さらにいえば、

本当に生き、本当にいのち終えていくことのできる道といってよいでしょう。その大事な道について法然上人は、「自行化他《じぎょうけた》、ただ念仏を締《こと》とす(自らに対しても、他の人に対しても、ひとえに念仏をすすめることを私の生涯としてきました)」(『選択本願念仏集』)と述べておられますように、「念仏申せ」の一言《ひとこと》にすべてをこめて説いていかれたのです。

親鸞聖人は、その法然上人の教えに遇《あ》われ、一人の在家念仏者として生きていかれることによって、「念仏を申す」とはどのようなことなのか、その生涯をとおして尋ね明らかにしてくださったのであります。明らかにしてくださった眼目《がんもく》は、「念仏を申す」とは、念仏にまでなってくださっている弥陀《みだ》の本願(私たちの大地となり、呼びかけ続けてくださっているまこと)をいただいて生きることであるということです。『歎異抄《たんにしょう》』をあらわした唯円房《ゆいえんぼう》は、そのことを、「聖人(親鸞)のつねのおおせ」として次のように伝えています。

弥陀《みだ》の五劫思惟《ごこうしゆい》の願《がん》をよくよく案《あん》ずれば、ひとえに親鸞一人《しんらんいちにん》がためなりけり。されば、そくばくの業《ごう》をもちける身《み》にてありけるを、たすけんとおぼしめし

たちける本願《ほんがん》のかたじけなさよ
（五劫という長い時をかけて、南無阿弥陀仏《なむあみだぶつ》というすがたをとってくださった弥陀の本願をよくよくいただいてみますと、それは、ひとえに親鸞一人を救おうとしてでありました。まことに、はかりしれない罪や悩みを抱《かか》えている身を、たすけようと思い立ってくださった本願の何とかたじけないことでありましょうか）

（『歎異抄』後序　聖典第二版七八三頁）

「つねのおおせ」とは、いつもおっしゃっておられたお言葉ということであり、さらには、聖人の生活そのものが語っていた言葉であるといただかれます。

そして、親鸞聖人が亡くなられて百五十四年目に生まれられた蓮如上人。上人は、法然・親鸞のお二人によって打ち立てられ明らかにされた本願念仏の教えを、広く多くの人々に手渡し、また、後の世にまで末永《すえなが》く相続《そうぞく》されるようにとの願いをもって、八十五年の生涯を渾身《こんしん》の力をこめて生き抜いてくださったのであります。

■真宗再興

蓮如上人（以下、上人）は、「真宗再興《しんしゅうさいこう》の上人」と称されています。上人は、本願寺第八代住職として戦国乱世の世を生きていかれましたが、上人が生まれられた頃は、さまざまな異義《いぎ》がはびこり、真宗の教えの真義《しんぎ》（本当のこころ）が失われようとしている状態でした。また本願寺はさびさびとしたありさまで、参詣《さんけい》する人はほとんどいなかったと伝えられています。そのような中で上人は、四十三歳にして本願寺住職を継承されると、

御代《ごだい》に仏法《ぶっぽう》を是非《ぜひ》とも御再興《ごさいこう》あらん

（我が一代のうちに仏法を是非とも再興しよう）

（『蓮如上人御一代記聞書』第一四三条　聖典第二版一〇五三頁）

との、真宗再興の志願をもって教えの真義を明らかにし、人々に念仏のこころを伝えようとご苦労されたのであります。

上人の「真宗再興」については、上人の実母が父・存如《ぞんにょ》の正妻ではなく、存如が正妻を迎えるにあたって本願寺を出て行かれる時に、六歳の上人を前に、

ねがわくは、児《ちご》の御一代に聖人の御一流を再興したまえ

（『蓮如上人遺徳記』）

と託《たく》していったことによるとも伝えられています。

上人の真宗再興の事業を、当時の人々はどのように受けとめていたのでしょうか。それについては、上人の言行録《げんこうろく》といえます『蓮如上人御一代記聞書《れんにょしょうにんごいちだいききがき》』の中で、次の二カ条に述べられています。

一つは、第一二二条目ですが、親鸞聖人を讃《たた》えて覚如上人《かくにょしょうにん》があらわされた『報恩講私記《ほうおんこうしき》（式文《しきもん》）』の一節、

木石《ぼくせき》の、縁《えん》を待《ま》ちて火《ひ》を生《しょう》じ、瓦礫《がりゃく》の、鉆《せん》を磨《す》りて珠《たま》を為《な》すが如《ごと》し。

（聖典第二版八九六頁）

に託して、上人を「再興の上人」であると称されています。すなわち、風雨にさらされている木や石や瓦《かわら》や礫《つぶて》のように、自他ともに存在の意義をみとめられなかった人々に対して、存在の意義に目覚めさせ、生きる喜びを開いていかれたから再興の上人であるというのです。

そして、今一つが、第一八八条目です。

聖人《しょうにん》の御流《ごりゅう》は、たのむ一念《いちねん》の所《ところ》、肝要《かんよう》なり。故《かるがゆえ》に、たのむと云《い》うことをば、代々《だいだい》、あそばしおかれそうらえども、委《くわ》しく何《なに》とたのめと云《い》うことをしらざりき。然《しか》れば、前々住上人《ぜんぜんじゅうしょうにん》の御代《ごだい》に、『御文《おふみ》』を御作《おんつく》り候《そうら》いて、「雑行《ぞうぎょう》をすてて、後生《ごしょう》たすけたまえと、一心《いっしん》に弥陀《みだ》をたのめ」と、あきらかにしらせられ候《そうろ》う。然《しか》れば御再興《ごさいこう》の上人《しょうにん》にてましますものなり。

（聖典第二版一〇六二頁）

とあります。すなわち、親鸞聖人の教えは「信《しん》の一念《いちねん》」が肝要である、ゆえに代々の本願寺住職もそのことを教えてきた。しかし、人々はどのようにしたら信を獲《え》ることができるのかわからなかった。それを、上人が『御文《おふみ》』を作って「雑《ぞう》行《ぎょう》をすてて、後生《ごしょう》たすけたまえと、一心に弥陀をたのめ」と教えてくださった。そのことによって、人々は信を獲ることができるようになった。だから「再興の上人」と称するのである、ということです。

上人の真宗再興の事業は、人々に念仏を手渡すために具体的にさまざまな形をとって実践されていきました。その主なものに、門徒《もんと》大衆に聖典《せいてん》（正信偈《しょうしんげ》・念仏・和讃《わさん》の勤行本《ごんぎょうぼん》）を配布して朝勤《づと》めをすすめられたこと。また、「南無阿弥陀仏」の名号《みょうごう》を多くの人々に書き与えて、仏と共にある生活を開いていかれたことなどがあります。そしてその中心にあるのが、二百二十通に余《あま》る『御文』の製作です。

その『御文』をあらわされた上人のお心、そして『御文』とはどのような聖《しょう》教《ぎょう》なのかということについて、学んでいきたいと思います。

二　蓮如上人と『御文』（二）

■『御文』をあらわされた心

蓮如上人が、はじめて「御文」（以下、『御文』の一通一通を意味する場合は「御文」と記す）を書かれたのは四十七歳の時です。金森《かねがもり》（現在の滋賀県守山市金森町）の道西《どうさい》という方に与えられました。上人より十六歳上で、上人の真宗再興の事業を支えた人物の一人です。道西に与えられた時の様子が、次のように伝えられています。

上人は、消息《しょうそく》（手紙）一通を書いて道西に読んで聞かせられた。それを聞いた道西は「愚かな者も了解《りょうかい》できるかたじけない金言《きんげん》である。かたじけない聖《しょう》教《ぎょう》である」といって、頂戴《ちょうだい》した。それに対して、蓮如上人は「聖教といえば恐れ多い、また特別な法門《ほうもん》があるように思われる。消息法語《しょうそくほうご》というのもぎょうぎょうしい。ただ在家《ざいけ》の男女《なんにょ》に勧《すす》めるためであるから、ふみといえ」とおっしゃいました。

（慧空『御文歓喜鈔』意訳）

ここには、『御文』をあらわされた上人のお心が示されています。日々、煩悩《ぼんのう》やさまざまな出来事に振り回されて生きている者（在家の男女）が、そのような生活の中で念仏のこころをいただけるようにと書かれたものです。

「正信偈」「和讃」とならんで、『御文』ほど多くの人に読まれ、人々に念仏の信を開き、念仏生活を培《つちか》ってきた聖教はないといってもよいでしょう。かつては、山仕事や行商など、さまざまな仕事の場所へ持っていき、仕事の合間《あいま》にも読まれたものです。そのことを示すように、指でくった跡《あと》が、すり切れるようについている『御文』を目にすることがあります。まさに、人々の生活と共にあった大切な聖教なのです。

その『御文』を、上人がどのようにしてあらわされたのかについて、次のような言葉が伝えられています。

かるがると愚痴《ぐち》の者のはやく心得まいらせそうろうように、千のものを百に選び百のものを十に撰《えら》ばれ十のものを一に、早く聞き分け申す様《よう》にと思《おぼ》し召され、御文にあそばしあらわされて、凡夫の速《すみ》やかに仏道なる事を仰せ立てられたる事にてそうろう。

（たやすく、愚かな者が早く念仏のこころを受けとれるように、千のものを百に約《つづ》め、百のものを十に約め、十のものを一に約めて、早く明瞭にすることができるようにと思われて御文をお書きくださり、凡夫が速《すみ》やかに救いを得ることができるようにあらわしてくださったのであります。）

（『蓮淳記』）

人々が念仏のこころを速《すみ》やかに受けとることができるようにと、親鸞聖人の教えを約《つづ》めに約めてあらわされたものであるということですが、この言葉から、蓮如上人の、聖人の教えに対する徹底した学びが土台となって『御文』をあらわされたことが知らされます。そのような学びにもとづいていればこそ、「千のものを百に、百のものを十に、十のものを一に」まで凝縮《ぎょうしゅく》して、その要《かなめ》を表現することができたのでしょう。

『蓮如上人御一代記聞書』に、「聖教はよみやぶれ」（第六九条）とありますが、それは、まさに上人自身の信を獲るための学び方であり、そのような学びの上にあらわされたのが『御文』であります。

■『御文』とは

『御文』の文章について、五木寛之氏は、
ある状況下においてそれを聴《き》くとき、思いがけない大きな力で人をゆさぶる文章なのです。

(『蓮如』岩波書店発行一五四頁)

と述べておられます。また蓬茨祖運《ほうしそうん》先生は、
文章をざっと読んだだけでは何のことかと思われるようなところでも、それを繰り返し繰り返し読むことによって、やがて今までにない感動というものがあるのでございます。

(『お文《ふみ》に学ぶ』名古屋教務所発行六一頁)

と語っておられます。『御文』の文章の持つそのような力が、日々の生活の中で人々に拝読させ続け、念仏に生きる生活を開き続けてきたのでしょう。
しかし、その『御文』の力は何によるのでしょうか。念仏の信を伝えようとする上人の情熱によるものでもあります。しかし、より根本的には、『御文』が単

なる教化者意識によって書かれたものではないからであるといえます。蓬茨先生が、「『御文』は第二十願の問題なのです」と指摘されたということをお聞きしたことがあります。第二十願とは、『大無量寿経《だいむりょうじゅきょう》』に説かれている、本願を充分に受けとれず、人生の依り所を念仏一つに定めきれない人にかけられている阿弥陀の願いのことです。蓬茨先生のお言葉は、上人ご自身をも含めて、念仏に生きようとする者の根本問題を見出《みいだ》してあらわされたのが『御文』であるということを教えてくださっています。そのことからすれば、自らも念仏一つに定まらない者として常に新たに阿弥陀の願心《がんしん》（迷いの衆生を救うという願心）を聞き開き、惑《まど》いを超えて、人々と共に本願に立ち返っていこうとしてあらわされたものが『御文』であるといただかれます。書くことによって、上人自身も信を明らかにして救いを得ていかれた、それが『御文』であるということです。「御文」を書くことが、上人自身の求道《きゅうどう》の歩みでもあったのでしょう。だからこそ、生き生きとした力ある響きをもって私たちにせまってくるのです。

上人は、四十七歳から八十五歳で亡くなる三カ月前まで、二百二十通をこえる

「御文」を書かれました。その中から八十通が選ばれて『五帖御文《ごじょうおふみ》』としてまとめられています。帖は冊《さつ》という意味です。一帖目から四帖目までの五十八通は書かれた順に編纂《へんさん》されており、書かれた年月日が末尾に記されています。それに対して、五帖目には年月日が記されていません。五帖目の『御文』は本願念仏の道理が簡潔《かんけつ》に記されていて、同じ内容のものが何通もあったりします。『御文』の中でも外的な縁や事情によることなく、いわば純粋な法語として書かれたものが五帖目ということです。それで、年月日を書く意味がないものがまとめられているのです。そのようなことから、「末代無智《まつだいむち》の御文」にはじまる五帖目が、特に親しまれているのです。

これまで『御文』は、多くの場合、お寺や一件一件での法事などの集まりの場で、拝読されるのを聴くという形で伝えられてきました。そのことは、『御文』は理解するものではなく、「聴くこと」をとおしていただいていくものであることを示しています。一人ひとりにおいていただく場合にも、聴くようにいただくことの大切さが教えられています。それは、日々の生活の中で繰り返し繰り返し拝読するということでしょう。そこに『御文』のこころが力ある響きをもって聴かれ、聴く人に自《おの》ずからに信が恵まれるということです。

最後に一言。ほとんどの「御文」が「あなかしこ」で結ばれていますが、それは敬意をあらわす語で、手紙の終わりに用いられる言葉です。

三　御同朋として

一帖目第一通（一）

一帖目第一通「或人いわくの御文」

【本文】

或人《あるひと》いわく、当流《とうりゅう》のこころは、門徒《もんと》をば、かならずわが弟子《でし》とこころえおくべく候《そうろ》うやらん、如来《にょらい》・聖人《しょうにん》の御弟子《おんでし》ともうすべく候《そうろ》うやらん、その分別《ふんべつ》を存知《ぞんじ》せず候《そうろ》う。また、在々所々《ざいざいしょしょ》に小門徒《しょうもんと》をもちて候《そうろ》うをも、このあいだは手次《てつぎ》の坊主《ぼうず》には、あいかくしおき候《そうろ》うように、心中《しんじゅう》をもちて候《そうろ》う。これもしかるべくもなきよし、人《ひと》のもうされ候《そうろ》うあいだ、おなじくこれも不審千万《ふしんせんばん》に候《そうろ》う。御《ご》ねんごろにうけたまわりたく候《そうろ》う。

答《こた》えていわく、この不審《ふしん》もっとも肝要《かんよう》とこそ存《ぞん》じ候《そうら》え。かたのごとく耳《みみ》にとどめおき候《そうろ》う分《ぶん》、もうしのぶべし。きこしめされ候《そうら》え。故聖人《こしょうにん》のおおせには、「親《しん》鸞《らん》は弟子《でし》一人《いちにん》ももたず」（歎異抄）とこそ、おおせられ候《そうら》いつれ。「そのゆえは、如来《にょらい》の教法《きょうぼう》を、十方衆生《じっぽうしゅじょう》にとききかしむるときは、ただ如来《にょらい》の御代官《おんだいかん》をもうしつるばかりなり。さらに親鸞《しんらん》めずらしき法《ほう》をもひろめず、如来《にょらい》の教法《きょうぼう》をわれも信《しん》じ、ひとにもおしえきかしむるばかりなりなり。そのほかは、なにをおしえて弟子《でし》といわんぞ」とおおせられつるなり。されば、とも同行《どうぎょう》なるべきものなり。これによりて、聖人《しょうにん》は御同朋《おんどうぼう》・御同行《おんどうぎょう》とこそ、かしずきておおせられけり。されば、ちかごろは大坊主分《だいぼうずぶん》のひとも、われは一流《いちりゅう》の安心《あんじん》の次第《しだい》をもしらず、たまたま弟子《でし》のなかに、信心《しんじん》の沙汰《さた》する在所《ざいしょ》へゆきて、聴聞《ちょうもん》し候《そうろ》うひとをば、ことのほか説諫《せっかん》をくわえ候《そうら》いて、或《ある》いはなかをたがいなんどせられ候《そうろ》うあいだ、坊主《ぼうず》もしかしか（確々）と信心《しんじん》の一理《いちり》をも聴聞《ちょうもん》せず、また弟子《でし》をば、かようにあいさささえ候《そうろ》うあいだ、われも信心決定《しんじんけつじょう》せず、弟子《でし》も信心決定《しんじんけつじょう》せずして、一生《いっしょう》はむなしくすぎゆくように候《そうろ》うこと、まことに自損損他《じそんそんた》のとが、のがれがたく候《そうろ》う。あさまし、あさまし。

（聖典第二版九二一～九二二頁）

―続く―

【意訳】

ある人がいうには、「真宗では、門徒を我が弟子と心得《こころえ》るべきでしょうか。それとも如来・聖人《しょうにん》のお弟子と申すべきでしょうか。そのことがはっきりいたしません。また、あちこちに少しの門徒を持っている人の中に、この頃では、門徒を所属する寺の住職に隠しておくように思っている者がおりますが、そのようなことをしてはならないという人がいます。このこともはっきりしません。これらのことを詳《くわ》しく教えていただきたいのです」。

答えていうには、「これらの不審《ふしん》は、大変重要であると思います。一通《ひととお》りのところですが、私が聞いておりますことを申しますので、お聞きください。故親鸞聖人は『親鸞は弟子一人ももたず』と仰《おお》せになられました。そして『そのわけは、如来の教法を、十方衆生に説いて聞かせる時は、ただ如来の代役を務《つと》めているに過ぎないのです。決して、親鸞はめずらしい教えをひろめているのではありません。如来の教えを、私も信じ、人にも教え聞かせているだけなのです。そのほかに、どのようなことを教えて、弟子というのでありましょうか』と仰せられたことでした。そのようなことですから、みな友であり、同じ道を歩む同行《どうぎょう》というべきものなのです。それで聖人は、人々に対して御同朋《おんどうぼう》・御同行《おんどうぎょう》と敬《うやま》って仰せになっておられました。
ところが近頃は、一カ寺の住職であっても、自《みずか》らは真宗の安心《あんじん》が何であるのかを知らないでいて、たまたま弟子の中に、信心について語り合う所へ行って聴聞《ちょうもん》をする人がいると、ことのほかに叱《しか》りつけたり、あるいは仲《なか》を違《たが》えたりすることがあるとのことです。ですから、僧侶もしっかりと信心の道理を聴聞することがなく、また弟子にはこのように聴聞の妨《さまた》げをするものですから、僧侶も信心が決《けつ》定《じょう》せず、弟子も信心が決定することがありません。それで、一生が虚《むな》しく過ぎていくのです。まことに、自らを損《そん》し他を損せしめる罪は逃れがたいことであり、実《じつ》に嘆《なげ》かわしいことであります。

―続く―

■真宗再興に向けて

五帖目の『御文』に先立って、一帖目第一通の「御文」に学びます。『五帖御文』の冒頭に置かれていることからも、大切な「御文」です。各お寺では、元日に勤《つと》められます修正会《しゅしょうえ》に読まれます。

この「御文」の末尾には、「文明三年七月十五日（一四七一年七月十五日）」と、書かれた年月日が記されています（聖典第二版九二二頁参照）。蓮如上人は五十七歳。この年の五月に、当時大きな勢力を誇《ほこ》っていた比叡山《ひえいざん》（天台宗本山《てんだいしゅうほんざん》）の力がおよぶ京都を離れて、真宗再興の志願をはたすべく吉崎《よしざき》（現在の福井県あわら市吉崎）に居《きょ》を移しておられます。そして、再興の拠点《きょてん》となるべき吉崎御坊《よしざきごぼう》の起工式《きこうしき》を七月二十七日に行っておられるのです。その直前に書かれたのが、この一帖目第一通の「御文」です。真宗再興をはたしていこうとする出発点にあって、確かめておかなければならない二つの大切な事柄が問答の形で述べられています。一つは真宗の教団や集まりにおける人間関係の問題です。二つ目は念仏の教えの要《かなめ》とは何かということです。今回は一点目が述べられている前半の個所です。そこには、

門徒《もんと》をば、かならずわが弟子《でし》とこころえおくべく候《そうろ》うやらん、如来《にょらい》・聖人《しょうにん》の御弟子《おんでし》ともうすべく候《そうろ》うやらん

（門徒を我が弟子と心得るべきでしょうか。それとも如来・聖人のお弟子と申すべきでしょうか）

にはじまる問いを受けて、『歎異抄』第六章の、「親鸞は弟子一人ももたず」という親鸞聖人の言葉に照らして、「わが弟子」とするあり方が厳《きび》しく否定されています。

この「御文」には、弟子を奪い合い、他所《よそ》へ行って教えを聞こうとする人をとがめたり、仲違《なかたが》いをしたりする様子が生々《なまなま》しく述べられています。当時、横行《おうこう》していたのでしょう。しかし、このようなことは常に起こる問題です。そして今、そのことを単に道徳的な意味での悪として批判されているのではありません。教えの根幹にかかわる問題として、厳しく否定されているのです。ですから、問いを受けて、「この不審もっとも肝要とこそ存じ候え（これらの不審は、大変重要であると思います）」と記されています。

■道を覆《おお》うもの

『歎異抄』第六章には、この「御文」と同様の問題が、親鸞聖人によって取り上げられています。そこでは聖人も、

もってのほかの子細《しさい》なり。

（もってのほかのことである。）

（聖典第二版七七〇頁）

きわめたる荒涼《こうりょう》のことなり。

（この上なく間違ったことです。）

（同前）

かえすがえすもあるべからざることなり。

（決してあってはならないことであります。）

（同前）

等と、「わが弟子」とするあり方を繰り返し、厳しく否定しておられます。『歎異抄』で、このように厳しい言葉で聖人が語っておられるのは、第六章のみです。なぜ、親鸞・蓮如のお二人とも、「わが弟子」とするあり方を、これほどに厳し

く否定されているのでしょうか。それは、どのような人も、それぞれの人生を尽くしていける道が、本願念仏の道として開かれているにもかかわらず、その道が「わが弟子」という思いによって覆《おお》われていくからなのでしょう。つまり、教えの存亡《そんぼう》にかかわる問題なのです。人生を成り立たせ、尽くさせてくださる本願は、一人ひとりが、自らの人生に対する責任においていただいていかなければならないまことであります。

今、「御文」には「坊主（僧）」とありますから、門徒グループの中心にあって教えを説く立場の人の問題として述べられています。念仏の教えでは、人が他の人に本願を信じさせることはできないというのが鉄則です。本願への目覚めは本願のはたらきによるほかはなく、人は、他の人が目覚める縁としての役割（「如来の御代官」とあります）以上のものではありません。僧であっても同じことです。

さらには、「自らは信を獲てしまった者」として師の立場に立ち、他の人を弟子とすることを許さないのが本願です。常に教えをとおして凡夫《ぼんぶ》の身（迷い・悩みを離れることのできない身）に帰り、そこに発起《ほっき》されてくる「まこと」として、

新たにいただき続けていかなければならないのが本願なのでしょう。親鸞聖人は、

今《いま》、特《まこと》（「特」の左に「ヒトリ」と小さく記されている）に方便《ほうべん》の真門《しんもん》を出《い》でて、選択《せんじゃく》の願海《がんかい》に転入《てんにゅう》せり。

（今私は、自らをよしとたのむあり方を出て、念仏一つを救いの行として選んでくださった本願に生きる身となりました。）

（『教行信証』聖典第二版四一八頁）

と、本願との出遇《であ》いを、親鸞一人《いちにん》における今のこととして教えてくださっています。

聖人は「ともの同朋にもねんごろの」（『末燈鈔』聖典第二版六九一頁と同内容）と、お手紙に記しておられますが、念仏に生きておられる方々は皆、友・同朋なのでしょう。さらにいえば、私の歩みを支えてくださる大切な方々です。「御文」には、

聖人《しょうにん》は御同朋《おんどうぼう》・御同行《おんどうぎょう》とこそ、かしずきておおせられけり。

（聖人は、人々に対して御同朋・御同行と敬《うやま》って仰せになっておられました。）

とあります。人びとを、敬いながら歩んでいかれた聖人です。

そして、蓮如上人はこの一段を、
自損損他《じそんそんた》のとが、のがれがたく候《そうろ》う。あさまし、あさまし。

（自らを損し他を損せしめる罪は逃れがたいことであり、実に歎《なげ》かわしいことであります。）

と、「わが弟子」と執《しゅう》するあり方が、信を明らかにすることなく、ついには自他の人生を虚《むな》しく終わらせていくことへの歎《なげ》きをもって結んでおられます。そしてそれを受けて、後半の部分では、念仏の教えの要《かなめ》が信を獲ることであり、信を明らかにしていくことが生涯の課題であることを述べられるのです。

四　生涯の課題

一帖目第一通（二）

一帖目第一通　「或人いわくの御文」

【本文】

古歌《こか》にいわく、

うれしさを　むかしはそでに　つつみけり　こよいは身《み》にも　あまりぬるかな

「うれしさをむかしはそでにつつむ」といえるこころは、むかしは、雑行《ぞうぎょう》・正《しょう》行《ぎょう》の分別《ふんべつ》もなく、念仏だにももうせば、往生《おうじょう》するとばかりおもいつるこころなり。「こよいは身《み》にもあまる」といえるは、正《しょう》・雑《ぞう》の分別《ふんべつ》をききわけ、一向一心《いっこういっしん》になりて、信心決定《しんじんけつじょう》のうえに、仏恩報尽《ぶっとんほうじん》のために念仏《ねんぶつ》もうすこころは、おおきに各別《かくべつ》なり。かるがゆえに身《み》のおきどころもなく、おどりあがるほどにおもうあいだ、よろこびは、身《み》にもうれしさが、あまりぬるといえるこころなり。あなかしこ、あなかしこ。

文明三年（一四七一）七月十五日

（聖典第二版九二二頁）

【意訳】

古歌に、

うれしさを　むかしはそでに　つつみけり　こよいは身にも　あまりぬるかな

とあります。

『うれしさを　むかしはそでに　つつむ』というのは、昔は、雑行《ぞうぎょう》（念仏以外の行）と正行《しょうぎょう》（念仏）の区別がつかず、念仏さえ申せば往生するとばかり思っていたことをいっているのです。『こよいは身にもあまる』というのは、念仏と他の行との違いが明瞭になって、一向一心《いっこういっしん》の信心を決定した上で仏恩《ぶっとん》を報《ほう》じて念仏を申す心は、それまでの心とはまるで違うものです。ですから、身の置きどころもなく躍《おど》り上がるほどに思われるので、その喜びを、『身にもうれしさが　あふれ出る』といわれているのです」。あなかしこ、あなかしこ。

文明三（一四七一）年　七月十五日

■教えの要《かなめ》

一帖目第一通の後半、「古歌《こか》にいわく」以下に学びます。前半で、御同朋《おんどうぼう》としてではなく、「わが弟子」と執《しゅう》して、自他の人生を虚《むな》しく終わらせていくあり方が厳しく否定されていました。それを受けて、唐突《とうとつ》に「古歌にいわく」と述べられているような感じをうけます。しかし、そうではないのでしょう。前半を「あさまし、あさまし」と深い歎《なげ》きをもって結ばれた蓮如上人は、一転、その悲しみを受けて念仏の教えの要とは何かを、当時よく知られていた古歌（『和漢朗詠集』）をとおして示されるのです。

古歌は「うれしさをむかしはそでにつつみけり　こよいは身にもあまりぬるかな（うれしさを、これまでは着物の袖《そで》に包んでいるようなものであった。しかし今宵《こよい》は、うれしさが身に溢《あふ》れ出る）」というものです。そして、前半の「うれしさをむかしはそでにつつみけり」は、雑行《ぞうぎょう》（私たちが行うさまざまな行）と正行《しょうぎょう》（念仏）の区別がはっきりせずに念仏を称《とな》えているあり方のことです。そして、後半の「こよいは身にもあまりぬるかな」は、さまざまな行と念仏との違いがはっきりして、念仏一つに救われる身に決定《けつじょう》して称える仏恩報尽《ぶっとんほうじん》の念仏（仏の恩《めぐみ》に報《こた》えての念仏）のことです。その心は格別であり、それで、うれしさが身にあるというのである、と述べられています。

そのように上人は、私たちが行うさまざまな行《ぎょう》と念仏の違いをはっきりして、念仏一つに救われる身に定まることが教えの要であることを、古歌を用《もち》いて示しておられるのです。

ところで、「正・雑の分別をききわけ、一向一心になりて、信心決定のうえに（念仏と他の行との違いが明瞭になって、一向一心の信心を決定した上で）」とありますが、念仏と他の行との違いをはっきりして、念仏一つに救われていく身に定まるということが、私たちに、どのようにして成り立つのでしょうか。行の違いをいくら聞いたとしても、念仏一つに救われる身に定まるということはまずありません。それは、念仏一つを救いの行として選び取ってくださった本願をいただくところに、はじめて成り立つ事柄であるといわなければならないのでしょう。

本願のお心を聞く、さらに申しますなら、本願を発《おこ》してくださった道理（なぜ本願を発《おこ》してくださったのか、またどのように救おうとしてくださっているのか）を聞き開くことをとおして、念仏一つを救いの行として選び取ってくださった本願をいただく。そこに、はじめて他の一切《いっさい》の行と念仏との違いが自《おの》ずから明らかになり、念仏一つに救われていく身に定まるのであります。そして、仏恩報尽の念仏が申されるのでありましょう。

そのように本願の心を聞き開いて、本願のお心をいただくところに念仏一つに定まることが教えの要です。しかし、ここで上人は「正《しょう》・雑《ぞう》の分別をききわけ、一向一心になりて」とのみ述べられて、本願の心を聞き開きなさいとはおっしゃっておられません。そこには、「本願の心を聞き開きなさい」といわれても、本願には形がなく、つかみどころがありません。それで、たとえそのようにいったとしても、その言葉が本願の心を尋ねていく手がかりにはならないということがあります。そのような私たちのために上人はわかりやすく、まず「行の違いを明らかにしなさい」とおっしゃって、本願を尋ねていくきっかけとなる目印を示してくださっているのでしょう。このようなところにも、私たちに対する上人の細《こま》やかな心配《こころくば》りが思われます。

■宗教生活

ところで、「雑行と正行」ということを、はじめて教えてくださった方は七高《しちこう》僧《そう》のお一人である善導大師《ぜんどうだいし》です。この「御文」で蓮如上人は、正行を念仏のこととして述べておられますが、善導大師は正行を五正行《ごしょうぎょう》として教えてくださっています。今、善導大師にさかのぼって、大師が教えてくださっています五正行について確かめておきたいと思います。

善導大師は、本願をいただいて念仏一つに救われていく身になっていくための行として、「五正行」（仏の教えにのっとった五つの行）ということを教えてくださっています。それは読誦《どくじゅ》（本願の心を説いてくださる教えの言葉を繰り返しいただくこと）・観察《かんざつ》（その教えの心を生活の中で確かめていくこと）・礼拝《らいはい》（阿弥陀仏を礼拝すること）・称名《しょうみょう》（南無阿弥陀仏を称えること）・讃嘆供養《さんだんくよう》（仏を讃《たた》えて語りあい、また、お花やお仏飯《ぶっぱん》をそなえたりして仏さまのお徳を讃嘆すること）の五つの行です。

それは、真宗門徒が日々の生活の中で行《おこな》ってきた行です。蓮如上人は勤行本《ごんぎょうぼん》を配布して、朝のお勤《つと》めをすすめられました。それは、人々に五正行を持った生活を開こうとされたのでしょう。ただ、ここで大切なことは、五正行はそのことが目的ではないということです。どこまでも、本願をいただき、念仏一つに救われていく身に定まっていくための五正行であるということです。

　念仏一つに定まるところに、真宗の教えの要があります。しかしそのことは、単に知識として、「念仏一つに定まることが大事だ」と知っていればいいというものではありません。それは実際の生活の上で、さまざまな問題や矛盾を抱えて生きている私の人生全体の立脚地が念仏一つに定まるということであり、全生活的な事柄です。そこには、「念仏一つ」ということが、生活の事実として身についていかなければならないのでしょう。そこに善導大師が、五正行ということを教えてくださっている意味があります。日々の生活の中で本願念仏の教えに学び（読誦・観察）、帰依《きえ》すべきまことがあることを身に明らかにしていく（礼拝・称名・讃嘆供養）、それらのことをとおして、はじめて身の事実として、念仏一つということが明らかにされていくのでしょう。

五正行（勤行）ということで、印象に残っていることがあります。それは、西《に》田辰正《しだたつまさ》という方が、道を求める一人の女性に対して、「単に聖典を読むだけでは観念的になるし、助かりたい思いで言葉をつかまえようとするから駄目だ」とした上で、

朝勤行《ごんぎょう》から始めたとは嬉《うれ》しい、体得実行《たいとくじっこう》でなければ身につかぬものである。
（『大地に聞く続編―西田辰正先生のお手紙』一〇四頁）

とおっしゃっていることです。

そのように、念仏一つに救われていく身になるということは、生活の上に具体的な形（五正行）をとるものなのでありましょう。

五　誓願の心

五帖目第一通

五帖目第一通 「末代無智の御文」

【本文】

末代無智《まつだいむち》の、在家止住《ざいけしじゅう》の男女《なんにょ》たらんともがらは、こころをひとつにして、阿弥陀仏《あみだぶつ》をふかくたのみまいらせて、さらに余《よ》のかたへこころをふらず、一心一向《いっしんいっこう》に仏《ぶつ》たすけたまえともうさん衆生《しゅじょう》をば、たとい罪業《ざいごう》は深重《じんじゅう》なりとも、かならず弥陀如来《みだにょらい》はすくいましますべし。これすなわち第十八《だいじゅうはち》の念仏往生《ねんぶつおうじょう》の誓願《せいがん》のこころなり。

かくのごとく決定《けつじょう》してのうえには、ねてもさめても、いのちのあらんかぎりは、称名念仏《しょうみょうねんぶつ》すべきものなり。あなかしこ、あなかしこ。

（聖典第二版一〇〇〇〜一〇〇一頁）

【意訳】

「末代《まつだい》の世《よ》を生きる智慧のない在家《ざいけ》生活者は、男も女も、心を一つにして阿弥陀仏をふかくたのみ、少しも他《た》へ心を配《くば》ることなく、一心一向に『仏、たすけたまえ』と申す衆生を、たとえ罪業は深重《じんじゅう》であったとしても、必ず弥陀如来は救ってくださいます」。これがすなわち、第十八の念仏往生の誓願の心なのです。

このように信心が決定《けつじょう》した上は、寝ている時も、目覚めている時も、命がある限りは、称名念仏すべきであります。あなかしこ、あなかしこ。

■本願との出遇《であ》い

本願を求めながらも、本願とは何かが、また本願をどのようにいただけばよいのかが、容易にはっきりしないということがあります。この「末代無智の御文」は、「これすなわち第十八の念仏往生の誓願のこころなり（これがすなわち、第十八の念仏往生の誓願の心なのです）」とありますように、蓮如上人が、本願の心をあらわしてくださった「御文」です。

この「御文」には、次のような話が伝えられています。讃岐《さぬき》（香川県）の庄松《しょうま》という念仏者が、ある人から「信心はどうすれば獲《え》られるのか」と問われたのに

対して、

聖人一流《しょうにんいちりゅう》の御文、または末代無智の御文を百遍読むべし、そうすれば信心は獲られるであろう。

（『鈴木大拙全集』第十巻一〇三頁取意）

と答えられたというのです。

庄松の答えには、私たちがどのようにして本願に遇《あ》うことができるのかが教えられています。本願の説明を聞いてそれを理解してではなく、本願に生きられた方、本願に生きておられる方の仰《おお》せ（今は「末代無智の御文」）を何度も何度もいただくことをとおしてであるということです。先人はみな、そのようにして本願に遇い、本願に生きる人生を見出していかれたのでしょう。法然上人は善導大師の言葉をとおして、また親鸞聖人は法然上人に遇い、「ただ念仏《ねんぶつ》して弥陀《みだ》にたすけられまいらすべし」（『歎異抄』聖典第二版七六八頁）との仰せをとおして本願に遇われたのです。本願とは、そのように、先なる人の仰せをとおして出遇い続けられ、伝えられ続けてきた人生のまことであります。

　そして、清沢満之《きよざわまんし》先生に「我々において最大事件なる自己の信念の確立」（「真宗大学開校の辞」『定本　清澤満之文集』法藏館発行四四八頁）という言葉があります。本願との出遇いは、仰せをとおして、私たちに立脚地が定まる出来事であり、それは、私たち一人ひとりにとっての人生の最大事件なのでありましょう。

　ところで、『御文』全体にいえることですが、特にこの「御文」には、「御文」独特の文章の性格があらわれていることを思います。それは、理解できる文章ではないということです。「仏たすけたまえともうさん衆生をば（「仏、たすけたまえ」と申す衆生を）」を理解してそのとおりにしますなら、口に出して「仏たすけたまえ」といわなければならないことになり、妙なことになります。そこに、「御文」は聴くものであり、聴くことをとおしていただくものであるということがあります。

　『御文』の文章を研究された方が、「御文は、それを聴く人のうえにどのような心の動きがおこるのかを、前提にして書かれているものである」（片岡了氏「『御文』の文体」・「蓮如上人『御文』の文章」取意）と教えてくださっています。また、蓮如上人について「方便達意《ほうべんたつい》の人（方便の達人）」（米村竜治氏『蓮如』小学館発行）とおっしゃっている方がいます。上人は、人々との深い感応《かんのう》の世界を生きることができた方であり、そのことによって、多くの人々が信を開く縁となることのできた方であったことを思います。

■おもい立つこころ

「こころをひとつにして、阿弥陀仏をふかくたのみまいらせて、さらに余のかたへこころをふらず、一心一向に仏たすけたまえともうさん衆生をば」とありますが、それを読むと、そのようにしなければならないと理解します。そして、そのようにする衆生を「たとい罪業は深重なりとも、かならず弥陀如来はすくいましますべし」となります。だとすると大変です。そもそも、私たちが他に心を向けずに一心一向になるということは不可能なことです。さまざまな縁に振り回されて、散りっぱなしなのが私たちの心です。

しかしそうではなく、この「御文」は、上人自身が「末代無智の、在家止住の男女（末代の世を生きる智慧のない在家生活者）」として、そのような衆生をこそ担《にな》い救おうとしてはたらいてくださっている本願をいただかれながら、その本願を私たちに、自《おの》ずからいただけるようにあらわしてくださっている「御文」です。私たちが努力して一心一向になることをすすめている「御文」ではなく、「御文」をいただく私たちに「末代無智の、在家止住の男女」として、どうにもならない問題を抱《かか》えて生きている身であることへの自覚を開き、その身に、本願が「一心一向の心（念仏を申す心）」として生まれ出てくださるようにあらわしてくださっている「御文」であるということです。

容易に本願をはっきりできない私たちに、本願とは、「一心（念仏を申す心）」となって発起《ほっき》くださるまことであることを、はじめて教えてくださった方が天親《てんじん》菩薩《ぼさつ》です。親鸞聖人は、そのご恩を「愚鈍《ぐどん》の衆生《しゅじょう》、解《げ》了《りょう》易《やす》からしめんが為《ため》に（愚かな私たちが、本願をはっきりといただけるように）」（『教行信証』聖典第二版二五二頁）、そのように明確に教えてくださったのであると深い謝念をもって述べておられます。

この「御文」で、そのようなこととして、本願を私たちに呼びおこしてくださる端的なお言葉が、「仏たすけたまえともうさん衆生をば」なのでしょう。それは、どのような人の身にもはたらいてくださっている本願を、救いを求める私たちの上に、念仏を申そうとする意欲として発起せしめてくださるお言葉です。その言葉を縁として、私たちに念仏申す心が開かれ、そこに、罪悪深重の身（迷いを出ることができない身）に救いの世界が開かれるのでしょう。

それと同じ意味の言葉が、『歎異抄』にあります。第一章の「念仏もうさんとおもいたつこころ」という親鸞聖人のお言葉です。この言葉に、しばしば注意くださったのが曽我《そが》量深《りょうじん》という先生です。忘れられないことがあります。それは、八十九歳の曽我先生にある方が老《おい》の寂《さみ》しさをうったえられた時、先生が「いや、これからですよ。『念仏もうさんとおもい立つ心』は、〝これから〟ということで、心がだんだん明るくなる」（『中道』）とおっしゃっておられることです。それに対してその方は、「なるほど、教えは尊いですね」と、応じておられます。

六　心を開く

五帖目第二通

五帖目第二通　「八万の法蔵の御文」

【本文】

それ、八万《はちまん》の法蔵《ほうぞう》をしるというとも、後世《ごせ》をしらざる人《ひと》を愚者《ぐしゃ》とす。たとい一文不知《いちもんふち》の尼入道《あまにゅうどう》なりというとも、後世《ごせ》をしるを智者《ちしゃ》とすといえり。しかれば、当流《とうりゅう》のこころは、あながちに、もろもろの聖教《しょうぎょう》をよみ、ものをしりたりというとも、一念《いちねん》の信心《しんじん》のいわれをしらざる人《ひと》は、いたずら事《ごと》なりとしるべし。

されば聖人《しょうにん》の御《おん》ことばにも、「一切《いっさい》の男女《なんにょ》たらん身《み》は、弥陀《みだ》の本願《ほんがん》を信《しん》ぜずしては、ふつとたすかるという事《こと》あるべからず」とおおせられたり。このゆえに、いかなる女人《にょにん》なりというとも、もろもろの雑行《ぞうぎょう》をすてて、一念《いちねん》に弥陀如来今度《みだにょらいこんど》の後生《ごしょう》たすけたまえと、ふかくたのみ申《もう》さん人《ひと》は、十人《じゅうにん》も百人《ひゃくにん》も、みなともに弥陀《みだ》の報土《ほうど》に往生《おうじょう》すべき事《こと》、さらさらうたがいあるべからざるものなり。あなかしこ、あなかしこ。

（聖典第二版一〇〇一頁）

【意訳】

さて、「八万四千《はちまんしせん》の仏の教えを知っているとしても、後世《ごせ》を知らないなら、その人を愚者とするのである。一方で、たとえ一文字さえも知らない道を求める在家の女性であったとしても、後世を知っている人を智者《ちしゃ》とするのである」といわれています。ですから、真宗のこころでは、努力をして多くの聖教《しょうぎょう》を読み、ものを知ったとしても、一念の信心の道理《どうり》を知らない人は、無駄《むだ》ごとであると知らなければなりません。

それゆえに、聖人のお言葉にも、「どのような男女であったとしても、弥陀の本願を信じなければ、決してたすかるということはありません」とおっしゃっておられます。ですから、いかなる女性であっても、念仏以外のさまざまな行をたのみとする心をすてて、一念に、「弥陀如来、この度《たび》の後生をたすけたまえ」と深くたのむ人は、十人は十人ながら、百人は百人ながら、皆ともに弥陀の報土（浄土）へ往生できるのです。このことを、決して疑ってはなりません。あなかしこ、あなかしこ。

■「後世《ごせ》」を知る

それ、八万《はちまん》の法蔵《ほうぞう》をしるというとも、後世《ごせ》をしらざる人《ひと》を愚者《ぐしゃ》とす。

（さて、八万四千の仏の教えを知っているとしても、後世を知らないなら、その人を愚者とするのである。）

冒頭のこの言葉は、「御文」の内容を学ぶに先立って気になる言葉です。情報社会を生きている私たちに対して、たくさんの知識よりも大切なものがあることに気づかせる言葉だからかもしれません。

「御文」にしたがって申しますなら、私たちが念仏の教えを学んでいるとしても、「後世」が明らかにならなければ、結局、学んだことにはならないことが教えられている「御文」です。

この「御文」をいただきます時、二つのことが思われます。一つは、蓮如上人は戦国乱世を人々と共に生きていかれた方ですが、明日をもしれない不安や苦難を抱《かか》えて生きている人々にとって、生きる希望を与えた「御文」ではなかったかということです。そのことを、「後世」という言葉に思います。この言葉は、「後世をしらざる人を愚者とす」として、人々の生活を問い返す言葉であったと同時に、不安や苦しみに満ちた現実とは違う世界があることを感じさせる言葉でもあったのではないでしょうか。

そして、今一つ思われますことは、前に（五四頁）、蓮如上人について「方便の達人」ということを申しましたが、「方便の達人」としての上人が、この「御文」には端的《たんてき》にあらわされているということです。人々の心に寄り添《そ》いながら、救いに導いていかれる上人です。

上人は、まず「後世をしらざる人を愚者とす」と、人々に通じる言葉で、もう一つの世界があることを示しておられます。しかし、それを受けて次には、「一念の信心のいわれをしらざる人は、いたずら事なりとしるべし（一念の信心の道理を知らない人は、無駄ごとであると知らなければなりません）」と、「後世」とは、「一念の信心のいわれ」を知るところに明らかになる世界であることを述べておられます。そして最後に、「みなともに弥陀の報土《ほうど》に往生すべき事、さらさらうたがいあるべからざるものなり（皆ともに弥陀の報土（浄土）へ往生できるのです。

このことを、決して疑ってはなりません）」と、はじめに「後世」と述べられた世界が「弥陀の報土」であることを示されて、その報土への往生をすすめて結んでおられます。そのように「後世」から「一念の信心の道理」へ、「一念の信心の道理」から「弥陀の報土」へと、読む人の心を導いていっておられるのです。

■開かれた世界

「報土」とは、浄土のことです。親鸞聖人は、浄土を「報土」という言葉で教えてくださっています。『御文』や『歎異抄』にも、しばしば「報土」という言葉で、浄土があらわされています。それは、浄土とはどこかにある世界ではなく、本願（一人ひとりの上に、縁を待って〝南無阿弥陀仏〟と生まれ出てくださるまこと）に報《むく》いて開かれる世界であり、生活であることを意味しています。「本願に報《むく》いた土（世界・生活）」ということで、本願に生きる人のところに恵まれ、開かれていく世界であり生活であるということです。

どのような世界・生活であるのかについては、七高僧のお一人であります天親《てんじん》

菩薩《ぼさつ》が詳《くわ》しく教えてくださっています。親鸞聖人はその代表的な浄土のすがたを、『高僧和讃《こうそうわさん》』で、

安養浄土《あんにょうじょうど》の荘厳《しょうごん》は　唯仏与仏《ゆいぶつよぶつ》の知見《ちけん》なり
究竟《くきょう》せること虚空《こくう》にして　広大《こうだい》にして辺際《へんざい》なし

（本願が開いてくださる浄土は、私たちの思いを超えた仏の境界《きょうがい》であって、広大で何ものにも妨《さまた》げられない世界です）

（聖典第二版五九〇頁）

と教えてくださっています。浄土とは、何よりも、心開かれた世界であるということでしょう。常に自己関心にとらわれて心を閉ざしてしか生きられない私たちに、本願は、心開かれた世界を恵んでくださるということです。それが、念仏のおみのりによる救いの根本なのでありましょう。

清沢満之先生に「他力の救済《きゅうさい》」という一文があります。それは、

我《われ》、他力の救済を念ずるときは、我《われ》が世に処《しょ》するの道開《みちひら》け、我《われ》、他力の救済を忘るるときは、我《われ》が世に処するの道閉《と》ず。

我《われ》、他力の救済を念ずるときは、我《われ》、物欲《ぶつよく》のために迷わさるること少なく、我《われ》、他力の救済を忘るるときは、我《われ》、物欲《ぶつよく》のために迷わさるること多《おお》し。我《われ》、他力の救済を念ずるときは、我《われ》が処するところに光明照《こうみょうてら》し、我《われ》、他力の救済を忘るるときは、我《われ》が処するところに黒闇覆《こくあんおお》う。嗚呼《ああ》、他力救済の念《ねん》は、よく我をして迷倒苦悶《めいとうくもん》の娑婆《しゃば》を脱《だっ》して、悟達安楽《ごだつあんらく》の浄土に入《い》らしむるが如し。我は実にこの念によりて、現に救済されつつあるを感ず。もし世《よ》に他力救済の教《おしえ》なかりせば、我は迷乱《めいらん》と悶絶《もんぜつ》とを免《まぬが》れざりしなるべし。しかるに今や濁浪滔々《だくろうとうとう》の闇黒世裡《あんこくせり》にありて、夙《つと》に（すみやかに）清風掃々《せいふうそうそう》の光明海中《こうみょうかいちゅう》に遊ぶを得《う》るもの、その大恩高徳豈《だいおんこうとくあ》に区々《くく》たる感謝嘆《たん》美《び》の及ぶ所ならんや（そのような救済を教えてくださる親鸞聖人の大恩や高徳は、どうして、人間の小さな感謝や讃嘆であらわすことができるでしょうか）。

（『定本 清澤満之文集』法藏館発行七六頁）

というものです。これは明治三十六（一九〇三）年、清沢先生四十一歳の四月に東京で開かれた親鸞聖人誕生会の祝詞《しゅくし》として書かれたものです。先生はこの文を、ご自身の死を二カ月後にひかえられた病床で、また夫人とお二人の子どもさんを亡くされた中でお書きになっています。念仏の救いとは何か、また「後世」、「報土」とは何なのかを身をもって教えてくださっている貴重な文章です。

そして『御文』では、本願によって心開かれた中で、現実のさまざまな問題に対しては、縁に応じて処していくことを教えてくださっています。私たちの生きる現実は、時として過酷《かこく》な現実です。『御文』の四帖目第十三通には、

いかにも一日《いちにち》も片時《へんし》も、いそぎて信心決定《しんじんけつじょう》して、今度《こんど》の往生極楽《おうじょうごくらく》を一定《いちじょう》して、そののち、人間《にんげん》のありさまにまかせて世《よ》をすごすべきこと肝要《かんよう》なりと、みなみなこころうべし。

（聖典第二版九九八頁）

（ぜひ、一日でも一刻でも早く信心を決定して、開かれた世界に心を住してその後に、人間界のありさまに応じて世を過ごすことが大事なことだと、一同みな心得なければなりません。）

とあります。一言《いちごん》しますなら、今「そののち」といわれていますことは、「まず

信心を決定して、それから人間のありさまにまかせて世を過ごす」というような時間的な前後ということではないのでしょう。信心を決定することを人生の第一義（根本）として生きることの中でという意味としていただかれます。さらに申しますなら、信心決定を人生の根本問題として生きていく歩みが、自《おの》ずからに、人間のありさまにまかせて世を過ごすという生き方を開いていってくださるということであります。それはまた、教えに照らして、そこまで自覚を徹底していくということなのでしょう。

最後に、この「御文」には注意しなければならない言葉があります。それは「弥陀の本願を信ぜずしては、ふっとたすかるという事あるべからず」の「ふっと」という言葉です。偶然にという意味の「フッと」ということではなく、「決して」という意味です。

七　獲信《ぎゃくしん》と利益《りやく》

五帖目第五通

五帖目第五通 「信心獲得の御文」

【本文】

信心獲得《しんじんぎゃくとく》すというは、第十八《だいじゅうはち》の願《がん》をこころうるなり。この願《がん》をこころうるというは、南無阿弥陀仏《なむあみだぶつ》のすがたをこころうるなり。このゆえに、南無《なむ》と帰命《きみょう》する一念《いちねん》の処《ところ》に、発願回向《ほつがんえこう》のこころあるべし。これすなわち弥陀如来《みだにょらい》の、凡夫《ぼんぶ》に回向《えこう》しましますこころなり。

これを『大経《だいきょう》』には「令諸衆生功徳成就《りょうしょしゅじょうくどくじょうじゅ》」ととけり。されば無始已来《むしいらい》つくりとつくる悪業煩悩《あくごうぼんのう》を、のこるところもなく、願力不思議《がんりきふしぎ》をもって消滅《しょうめつ》するいわれあるがゆえに、正定聚不退《しょうじょうじゅふたい》のくらいに住《じゅう》すとなり。これによりて、煩悩《ぼんのう》を断《だん》ぜずして涅槃《ねはん》をうというは、このこころなり。

此《こ》の義《ぎ》は当流一途《とうりゅういちず》の所談《しょだん》なるものなり。他流《たりゅう》の人《ひと》に対《たい》して、かくのごとく沙汰《さた》あるべからざる所《ところ》なり。能《よ》く能《よ》くこころうべきものなり。あなかしこ、あなかしこ。

（聖典第二版一〇〇二頁）

【意訳】

信心を獲《え》るというのは、第十八願の心をいただくことであります。そしてまた、この願の心をいただくということは、南無阿弥陀仏のすがたをいただくことなのです。ですから、「南無」とたのむ一念のところに、発願回向の心（衆生を救おうとして発《おこ》された阿弥陀如来の願心）を感得するのです。そして、その発願回向の心は、如来が凡夫に功徳《くどく》を恵んでくださるお心なのです。

この功徳を恵んでくださる心を『大無量寿経』には、「令諸衆生功徳成就《りょうしょしゅじょうくどくじょうじゅ》（諸々《もろもろ》の衆生に対して、功徳を成就くださるのである）」と説かれています。ですから、遠い昔から造り続けてきた悪業《あくごう》や煩悩を残らず、願力の不思議によって消滅してくださる道理があるので、正定聚不退《しょうじょうじゅふたい》の位（仏と成《な》ることが確かに定《さだ》まった位）に住することができるのです。また、「煩悩を断ぜずして、涅槃を得る」といわれているのも、このことなのです。

以上、述べてきたことは、真宗独自の教えであり、他宗の人に対して、みだりに話すべきことではありません。よくよく注意すべきことであります。あなかしこ、あなかしこ。

■本願の信心

この「御文」には、ほぼ同じ「御文」が何通かあります。その中の一通の末尾には「明応六年（一四九七年）」と、「御文」を書かれた年が記されています。蓮如上人は八十三歳、亡くなる二年前です。また、この年には大坂御坊《おおざかごぼう》が建立されています。上人最晩年の「御文」であり、信心とその利益《りやく》が簡潔《かんけつ》に力に満ちた筆致《ひっち》で書かれています。

ところで、「信心獲得《ぎゃくとく》」という表現は、真宗の独特の表現ではないかと思われます。普通、信心といえば、私たちが仏さまや神さまを信じることであり、「信心を獲得する」とはいいません。「獲得」という言葉であらわされる信心とは、どのような信心なのでしょうか。信心について、次のように述べられている「御文」があります。

信心《しんじん》といえる二字《にじ》をば、まことのこころとよめるなり。まことのこころというは、行者《ぎょうじゃ》のわろき自力《じりき》のこころにてはたすからず、如来《にょらい》の他力《たりき》のよきこころにてたすかるがゆえに、まことのこころとはもうすなり。

（聖典第二版九三八頁）

そして、その上人は、信心を「まことのこころ」と読むのだと述べておられます。そして、それは「如来のこころである」とおっしゃっているのです。ここに、親鸞聖人が教えてくださる信心とは何かが教えられています。すなわち、私が本願を信ずる心ではなく、本願のお心をいただくこと、さらに申しますなら、本願が私の生涯を支えてくださる心、生きる心になってくださった時、その心を信心というのだということです。その心を『歎異抄』には「念仏もうさんとおもいたつこころ」（聖典第二版七六七頁）として、また「念仏もうさるる」（聖典第二版七七二頁等）心として示されています。そのことからしますなら、今「第十八の願をこころうるなり」とありますが、それは単に本願を理解することではなく、どのような人のところにもはたらいていて、その人の人生を尽くさしめようとしてくださってている本願を、〝南無阿弥陀仏〟と、私の生きる心としていただくことを意味しているのでありましょう。そこに上人は、「信心獲得すというは、第十八の願をこころうるなり」を受ける形で、「この願をこころうるというは、南無阿弥陀仏のすがたをこころうるなり」と述べられて、私たちが本願を信心としていただけるように、その道筋を示してくださるのであります。

本願は私たちの現実に、私たちの思いに先立って「南無阿弥陀仏」と名号《なの》ってくださっています。上人は、「南無阿弥陀仏」を阿弥陀如来の「御《おん》すがた」（聖典第二版九六四頁等）とも述べておられますが、その「南無阿弥陀仏」と名号ってくださっている「すがた」にもとづいて、「南無と帰命する一念の処《ところ》に、発願回向《ほつがんえ こう》のこころあるべし（「南無」とたのむ一念のところに、衆生を救おうとして発《おこ》された阿弥陀如来の願心を感得するのです）」と、私たちに「本願のすがた」であります南無阿弥陀仏がいただかれるところには、南無阿弥陀仏が開いてくださる世界への「南無」、すなわち礼拝帰命《らいはいきみょう》の念《おもい》が開かれ、さらに、その礼拝帰命のところには、礼拝帰命する人の身に〝南無阿弥陀仏〟と名号《なの》ってくださる本願が感得されることを教えてくださっているのであります。

そこからさらに上人は、感得された本願の心を「これすなわち弥陀如来の、凡夫に回向しましますこころなり（そして、その発願回向の心は、如来が凡夫に功徳《くどく》を恵んでくださるお心なのです）」と述べられて、これから後、『大無量寿経』の法蔵菩薩の永劫修行《ようごうしゅぎょう》（衆生を担《にな》い、衆生を救うためにはたらき続けてくださっている本願のご苦労）の一段の文によって、本願が恵んでくださる功徳を述べていかれるのであります。

■念仏の利益

本願が恵んでくださる功徳を述べていかれるについては、まず「これを『大経』には「令諸《りょうしょ》衆生功徳成就（諸々の衆生に対して、功徳を成就くださるのである）とときけり」と『大経』の文をあげられて、その功徳の内容を「無始已来つくりとつくる悪業煩悩を、願力不思議をもって消滅するいわれあるがゆえに、正定聚不退のくらいに住すとなり（遠い昔から造り続けてきた悪業や煩悩を残らず、願力の不思議によって消滅してくださる道理があるので、仏と成《な》ることが確かに定まった位に住することができるのです）」と述べられ、さらに「これによりて、煩悩を断ぜずして、涅槃をうといえるは、このこころなり（また、「煩悩を断ぜずして、涅槃を得る」といわれているのも、このことなのです）」と、力強く結んでおられるのであります。

「正定聚不退のくらい」とは、仏に成ることが確かなこととして定まった位ということです。それは、迷いを離れられない凡夫の身に、仏の境地である涅槃が開かれた位を意味しています。涅槃の功徳には無量の内容があることが教えられていますが、その根本は、開かれた心境であり、決して失われることのない喜びです。そして、自他（自分と他人）・生死《しょうじ》（生と死）をはじめとするさまざまな矛盾対立を超えた心境であることが教えられています。

しかしそれは、悩みが全くなくなってしまうことではありません。「煩悩を断ぜずして涅槃をう」とあります。「煩悩を断ぜずして」とは、煩悩やその結果としての悩みが完全にはなくならないということです。しかし、そのような身に、

願力不思議によって涅槃の徳が恵まれるということです。涅槃の徳が恵まれた生活について親鸞聖人は、ご和讃で、

一切《いっさい》の功徳《くどく》にすぐれたる
南無阿弥陀仏《なむあみだぶつ》をとなうれば
三世《さんぜ》の重障《じゅうしょう》みなながら
かならず転《てん》じて軽微《きょうみ》なり

（聖典第二版五八五～五八六頁）

と、煩悩の苦しみや悩みが軽微になると教えてくださっています。そして、「軽微」の左に聖人は、小さな文字で「軽くなし、少なくなす、うすくなす」と記しておられます。

今、「消滅するいわれあるがゆえに」とありますが、それは「消滅してしまう」ということではありません。「消滅するいわれ（道理）がある」ということです。しかし、それは単に筋道としてあるということではないのでしょう。蓮如上人が、〝南無阿弥陀仏〟となって私たちを救おうとしてはたらき出てくださっている本

願をいただいておられるところからの表現であり、「いわれ」という言葉のところには、自《みずか》らの思いを超えたこととして、煩悩の身に涅槃の境が開かれて、現に仏たらしめられていくことへの喜びが述べられているものといただかれます。清沢満之先生に「我は実にこの念によりて、現に救済されつつあるを感ず」（「他力の救済」）というお言葉がありますが、私たちからしますなら、凡夫として生きる身に本願が発起《ほっき》する時に、涅槃の境《きょう》を開いてくださるということであり、そこに本願のはたらきによって自《おの》ずからに、煩悩や悩みが軽微ならしめられていくとということなのでしょう。しかし、利益が恵まれるかどうかはどこまでも仏の領分《りょうぶん》であって、私たちの領分ではないことは心得ておかなければならないことが教えられています。そのことについて蓮如上人は、

罪《つみ》のありなしの沙汰《さた》をせんよりは、信心《しんじん》をとりたるか、とらざるかの沙汰《さた》、いくたびもいくたびも、よし。

（悩みがなくなったかどうかを問題にするよりも、本願をいただいたかどうなのか、そのことを問題にしなさい。）

（『蓮如上人御一代記聞書』聖典第二版一〇三四頁）

と、信をいただくこと一つが、私たちにおける根本問題であることを教えてくださっているのであります。

八　はじめに名号あり

五帖目第八通

五帖目第八通「五劫思惟の御文」

【本文】

それ、五劫思惟《ごこうしゆい》の本願《ほんがん》というも、兆載永劫《ちょうさいようごう》の修行《しゅぎょう》というも、ただ我等《われら》一切衆《いっさいしゅ》生《じょう》をあながちにたすけ給《たま》わんがための方便《ほうべん》に、阿弥陀如来《あみだにょらい》、御身労《ごしんろう》ありて、南無《なむ》阿弥陀仏《あみだぶつ》という本願《ほんがん》をたてましまして、まよいの衆生《しゅじょう》の、一念《いちねん》に阿弥陀仏《あみだぶつ》をたのみまいらせて、もろもろの雑行《ぞうぎょう》をすてて、一向一心《いっこういっしん》に弥陀《みだ》をたのまん衆生《しゅじょう》をたすけずんば、われ正覚《しょうがく》とらじとちかい給《たま》いて、南無阿弥陀仏《なむあみだぶつ》となりましります。これすなわち我等《われら》がやすく極楽《ごくらく》に往生《おうじょう》すべきいわれなりとしるべし。されば南無阿弥《なむあみ》陀仏《だぶつ》の六字《ろくじ》のこころは、一切衆生《いっさいしゅじょう》の報土《ほうど》に往生《おうじょう》すべきすがたなり。このゆえに南《な》無《む》と帰命《きみょう》すれば、やがて阿弥陀仏《あみだぶつ》の、我等《われら》をたすけたまえるこころなり。

このゆえに南無《なむ》の二字《にじ》は、衆生《しゅじょう》の、弥陀如来《みだにょらい》にむかいたてまつりて、後生《ごしょう》たすけたまえともうすこころなるべし。かように弥陀《みだ》をたのむ人《ひと》を、もらさずすくいたまうこころこそ、阿弥陀仏《あみだぶつ》の四字《しじ》のこころにてありけりとおもうべきものなり。

これによりて、いかなる十悪五逆《じゅうあくごぎゃく》・五障三従《ごしょうさんしょう》の女人《にょにん》なりとも、もろもろの雑行《ぞうぎょう》をすてて、ひたすら後生《ごしょう》たすけたまえとたのまん人《ひと》をば、たとえば十人《じゅうにん》もあれ百《ひゃく》人《にん》もあれ、みなことごとくもらさずたすけたまうべし。このおもむきを、うたがいなく信《しん》ぜん輩《ともがら》は、真実《しんじつ》の弥陀《みだ》の浄土《じょうど》に往生《おうじょう》すべきものなり。あなかしこ、あなかしこ。

（聖典第二版一〇〇四～一〇〇五頁）

【意訳】

さて、五劫思惟の本願というのも、兆載永劫《ちょうさいようごう》の修行というのも、ただ我ら一切衆生をなんとしてもたすけようと思われての阿弥陀如来の御苦労であります。衆生をたすける方法として如来は、ご自身、南無阿弥陀仏というすがたになろうとする本願をお立てくださり、「迷いの衆生が我をたのみ、もろもろの行をたのみとする心をすてて一向一心になったとして、その衆生をたすけないとするなら私は仏とはならない」とお誓いになられて、南無阿弥陀仏となられたのであります。

これがすなわち、我らがたやすく極楽に往生できる道理であると知るべきであります。ですから、「南無阿弥陀仏」という六字は、一切衆生が報土《ほうど》（浄土）に往生できることをあらわされた、そのすがたなのです。すなわち「南無阿弥陀仏」には、南無と帰命《きみょう》すれば、ただちに阿弥陀仏が我らをたすけてくださるという意味合いがこめられているのです。

ですから、「南無」の二字は衆生が阿弥陀如来に向かって、後生たすけたまえと申す心であり、また、このように弥陀をたのむ人を、もらさずに救いたもう仏の心をあらわしたものが、「阿弥陀仏」の四字であると思うべきであります。このようなわけで、どのような十悪《じゅうあく》・五逆《ごぎゃく》・五障《ごしょう》・三従《さんしょう》の女人《にょにん》であっても、もろもろの行をたのむ心をすてて、ひたすらに、後生たすけたまえと弥陀をたのむ人は、たとえば十人あれば十人ながら、百人あれば百人ながら、皆ことごとく、もらさずにたすけてくださるのであります。この道理を疑いなく信ずる我らは、真実の弥陀の浄土へ往生することができるのです。あなかしこ、あなかしこ。

■南無阿弥陀仏の本願

親鸞聖人が、「真実の教《きょう》」と教えてくださっています『大無量寿経』には、阿弥陀仏の本願と、本願による救いの道理が説かれています。この五帖目第八通の「御文」は、蓮如上人が『大無量寿経』によって、本願が「南無阿弥陀仏」と名《な》号《の》ってくださったご苦労をいただいておられる「御文」です。

一読して、難《むずか》しい「御文」です。しかし、本願のご苦労をいただいておられる「御文」であることを思います時、繰り返し拝読して、私たちも、上人と共に本願のご苦労をいただき、本願の信を開いていく「御文」ではないかと思うのです。

真宗の教えの土台は、本願が五劫という長い時をかけて「南無阿弥陀仏」と名号ってくださったところにあります。たとえ本願が、私たちのところにはたらいてくださっているとしても、もし、「南無阿弥陀仏の本願」になってくださらなかったとしますなら、本願と私たちとの縁・関係は開かれなかったのでしょう。そこに、上人が「南無阿弥陀仏の本願」になってくださった、その本願のご苦労をいただいておられるゆえんがあります。

『歎異抄』には、

誓願《せいがん》の不思議《ふしぎ》によりて、たもちやすく、となえやすき名号《みょうごう》を案《あん》じいだしたまいて

（聖典第二版七七二頁）

とあります。勝手な想像が許されますなら、本願には、衆生の現実にあらわれては消え、あらわれては消えしてきた歩みがあるのではないでしょうか。それが、五劫という長い時を経《へ》て、ついに「南無阿弥陀仏の本願」になることによって、衆生を救う本願になってくださったといただかれます。

親鸞聖人は、

如来、已《すで》に発願《ほつがん》して衆生《しゅじょう》の行《ぎょう》を回施《えせ》したまう

（如来は、衆生を救おうとして、すべてに先立って「南無阿弥陀仏」と名号《なの》ってくださいました）

（『教行信証』聖典第二版一九四頁）

と、特に、本願が「南無阿弥陀仏」と名号ってくださったことのご恩を、深い感

銘をもって述べておられます。それは、「南無阿弥陀仏」と名号ってくださったことにより、それを手がかりとして、「名号を称える者を救う」まことととして、本願をいただいていく道が誰にでも開かれたからでありましょう。

蓮如上人は、「南無阿弥陀仏の六字のこころは、一切衆生の報土に往生すべきすがたなり（南無阿弥陀仏という六字は、一切衆生が報土（浄土）に往生できることをあらわされた、そのすがたなのです）」と述べておられますが、「南無阿弥陀仏」を「御《おん》すがた」（聖典第二版九六〇頁等）と、敬《うやま》いの心をもって述べておられる「御文」もあります。また、「南無阿弥陀仏」は、私たちに救いが定まっていることの「証拠《しょうこ》」（聖典第二版九九三頁）であるとも述べておられます。同じく、

われらを阿弥陀仏《あみだぶつ》のたすけたまえる支証《ししょう》のために、御名《みな》を、この南無阿弥陀《なむあみだ》仏《ぶつ》の六字《ろくじ》にあらわしたまえるなりときこえたり。

（聖典第二版九六六〜九六七頁）

とも述べておられます。「支証」とは、証拠という意味です。

■疑心を超えて

ここで上人が、「いかなる十悪五逆《じゅうあくごぎゃく》・五障三従《ごしょうさんしょう》の女人なりとも、もろもろの雑行をすてて、ひたすら後生たすけたまえとたのまん人をば、たとえば十人もあれ百人もあれ、みなことごとくもらさずたすけたまうべし」と、具体的に「十悪五逆・五障三従の女人」をあげられて、本願はどのような人であったとしても一切選びなく救ってくださることを述べておられることが注意されます。しかし、この「御文」においてそれは、誰でも救われるという一般論を述べておられるのではないことが注意されます。最後の「うたがいなく信ぜん輩《ともがら》は（疑いなく信ずる我らは）」という親しみをこめた呼びかけから照らし返します時、「十悪五逆・五障三従の女人なりとも」というところには、そこに述べられている人々への上人の深い思いが感じられます。「輩」とは、仲間という意味です。

そこに思い起こされますのが、『蓮如上人御一代記聞書』の、

仏法《ぶっぽう》には、万事《ばんじ》、かなしきにも、かなわぬにつけても、何事《なにごと》に付《つ》けても、後生《ごしょう》のたすかるべきことを思《おも》えよ。よろこびたきは仏恩《ぶっとん》なり

（仏法をいただく者は、どのようなことがあっても、本願の救いを思いなさい。本当の喜びは仏の恩《めぐみ》が与えられるところにあるのですから）

（聖典第二版一〇八七頁）

との上人のお言葉です。そしてさらに、

私は本当は誰にも信じられていない。何にも信じられていない。その（中略）私が、如来に絶対的に信じられてある

（『廣瀬杲講義集』五巻　文栄堂発行八四頁）

との曽我先生のお言葉が、重ねて思われることであります。

ここで「疑い」ということに関して、少し申し上げさせていただきたいと思います。「正信偈」に、「難中之難無過斯《なんちゅうしなんむかし》（本願を信ずることほど難しいことはありません）」と、本願をいただくことの甚難《じんなん》さが教えられています。しかし、それは単に不可能だということではなく、本願は、もういただき終わったということを許さない。常に自力疑心を超えていただき続けていかなければならないのが本願であるということであリましょう。

『歎異抄』には、唯円房が親鸞聖人に対して、

念仏《ねんぶつ》もうしそうらえども、踊躍歓喜《ゆやくかんぎ》のこころ、おろそかにそうろう

(念仏を申すのですが、喜びの心があまりありません)

(聖典第二版七七〇頁)

と、信の悩みを尋ねておられます。それに対して聖人は、「親鸞《しんらん》もこの不審《ふしん》ありつるに、唯円房《ゆいえんぼう》おなじこころにてありけり(親鸞もこの不審を抱えていたが、唯円房も同じ心でありましたか)」とお答えになっています。本願に生きるということは、そのような課題を抱えながら、常にその課題を超えて、常に新しく本願に出遇い続けていく歩みであるということでありましょう。それは、本願が南無阿弥陀仏と名号《なの》ってくださっていればこそ、それを支えとして歩むことができる道であります。

九　教えの根本

五帖目第十通

五帖目第十通「聖人一流の御文」

【本文】

聖人一流《しょうにんいちりゅう》の御勧化《ごかんけ》のおもむきは、信心《しんじん》をもって本《ほん》とせられ候《そうろ》う。そのゆえは、もろもろの雑行《ぞうぎょう》をなげすてて、一心《いっしん》に弥陀《みだ》に帰命《きみょう》すれば、不可思議《ふかしぎ》の願力《がんりき》として、仏《ぶつ》のかたより往生《おうじょう》は治定《じじょう》せしめたまう。そのくらいを「一念発起入正定之聚《いちねんほっきにゅうしょうじょうしじゅ》」(論註)とも釈《しゃく》し、そのうえの称名念仏《しょうみょうねんぶつ》は、如来《にょらい》わが往生《おうじょう》をさだめたまいし御恩《ごおん》報尽《ほうじん》の念仏《ねんぶつ》とこころうべきなり。あなかしこ、あなかしこ。

(聖典第二版一〇〇六頁)

【意訳】

親鸞聖人の仏教が勧《すす》めてくださる大切なお心は、信心を根本とするということであります。そのわけは、もろもろの行をたのむ心を投げすてて、一心に弥陀に帰命するなら、不可思議な願力のはたらきによって、仏の方《ほう》から往生を定《さだ》めてくださるのであります。そして、その位を「一念発起《いちねんほっき》　入正定之聚《にゅうしょうじょうしじゅ》（一念の信心が発起《ほっき》する時、正《まさ》しく仏に成ることが定《さだ》まった聚《ともがら》に入る）」とも教えてくださっているのであります。ですから、その上の称名念仏は、如来が我が往生を定めてくださったことへの御恩に報《こた》える念仏であると、心得るべきであります。あなかしこ、あなかしこ。

■信心を本《ほん》とす

「末代無智《まつだいむち》の御文」とならんで、よく耳にする「御文」です。蓮如上人の吉崎時代に、同じような内容の「御文」が何通か残されています。上人が吉崎を拠点《きょてん》に、真宗を再興しようとされるにあたって、親鸞聖人の教え（「聖人一流の御勧化のおもむき」）の根本、最も大切なところを簡潔《かんけつ》にあらわされた「御文」であります。

教えの根本が「信心をもって本とせられ候う（信心を根本とするということであります）」と示されていますが、そのことについて、最後が「御恩報尽の念仏とこころうべきなり」として、念仏は救われるための行ではなく、仏恩報尽《ぶっとんほうじん》の念仏であると結ばれているところから、信心を明らかにすることなく念仏を称えることによって救われていこうとするあり方に対していわれているとも受けとめられます。しかし、信心をはっきりすることなく念仏によって救われていこうとするあり方は念仏を手段として救われていこうとするあり方であり、それは、救いの結果に対して関心が向けられているあり方です。そのことから、「信心をもって本とせられ候う」という言葉は、より直接的には「救いの結果を中心とするあり方（往生を本《ほん》とするあり方）」に対してであることが教えられています。

　聖人の教えの大切なところは、救いの結果、すなわち救うのか救わないのかは仏の問題であり、私たちの問題は本願をいただくかどうか、すなわち信心にあります。そこに、「信心をもって本とせられ候う」に続いて、「そのゆえは、もろもろの雑行をなげすてて、一心に弥陀に帰命すれば、不可思議の願力として、仏のかたより往生は治定せしめたまう（そのわけは、もろもろの行をたのむ心を投げ捨てて、一心に弥陀に帰命するなら、不可思議な願力のはたらきによって、仏の方から往生を定めてくださるのであります）」と述べられているのです。

私たちは、本願のはたらきに気づかされたとしましても、自分自身の心の状態や生活の状況にとらわれて、容易に、本願に依れないということがあります。そして、本願を離れて、どこまでもどこか遠くに救いを追い求めていこうとします。そのような私たちに対して、決着のつかない現実を生きている私たちのところに、すでにそのような身を救おうとして生まれ出ようとしてくださっている本願をいただくことをこそ、根本とすべきであると教えてくださっているのでありましょう。

善導大師《ぜんどうだいし》に、

弥陀《みだ》の摂《しょう》と不摂《ふしょう》を論《ろん》ずること莫《な》かれ。意《い》、専心《せんしん》にして回《え》すると回《え》せざるとに在《あ》り。

（聖典第二版二八一頁）

（弥陀が救ってくださるのか、救ってくださらないのかを問題にするのではなく、本願をたのむのか、たのまないのかを問題にすべきです。）

というお言葉があります。また親鸞聖人は、

慶《よろこ》ばしいかな。心《しん》を弘誓《ぐぜい》の仏地《ぶつじ》に樹《た》て、念《ねん》を難思《なんじ》の法海《ほうかい》に流《なが》す。

（慶ばしいことに、今、この親鸞は心を本願にしっかりと樹てることにより、とらわれの念から解放されて広やかな境界《きょうがい》に住せしめられています。）

（聖典第二版四七五頁）

と、悩みや不安を抱えたまま、心を本願に樹てるべきことを教えてくださっています。そこに本願が救いを開いてくださるのであり、それは、私たちの思いはからいを超えた事柄であるということであります。

今、本願の救いが「一念発起入正定之聚（一念の信心が発起する時、正しく仏に成ることが定まった聚《ともがら》に入る）」と述べられています。この言葉は、信心（一念発起）と救い（入正定之聚）とが同時であることを示しています。ともしますと、信心と救いの間には時間があるように思います。しかしそうではなく、因（信心）と果（救い）ということで位《くらい》の違いはありますが、同時なのです。そうであればこそ、仏恩報尽の念仏が申されるのでありましょう。「如来わが往生をさだ

めたまいし御恩報尽の念仏（如来が我が往生を定めてくださったことへの御恩に報《こた》える念仏）」とありますが、それは、救いを定めてくださっただけで、まだ浄土が開かれていないということではありません。現に救いの世界としての浄土が開かれていればこその、仏恩報尽の念仏です。「往生をさだめたまいし」とは、いのちあるかぎり迷いを離れられない私たちにおいて、浄土は、どこまでも私の生きていく前方に開かれる世界として、常に生まれ続けていかなければならない世界であることを述べておられる言葉なのでしょう。

■本願との関係

忘れられないことがあります。親鸞聖人の教えを学び始めた頃のことですが、曽我量深先生の九十歳の記念講演会がありました。その時のテーマが「如来あっての信か　信あっての如来か」というものでした。そのテーマを目にした時、不思議な感じがしたことを覚えています。それは、如来があるから信ずるのだと思っていた私にとって、そのような思いの土台が揺《ゆ》らぐ出来事でした。

そのテーマから私自身が教えられていますことは、私を救ってくださる如来は、私を離れてどこかにおられる如来ではなく、私自身が如来を信ぜずしては生きておられないところで出遇う如来であるということです。それは如来との関係で申しますなら、救われるはずがない身に、「南無阿弥陀仏」と名号《なの》り出てくださる如来が、私を救ってくださる如来であるということです。

救われるはずがない身とは、私たちは日ごろ、さまざまなことを行いながら生きていますが、そのようにして生きている私自身が問題になったところということです。それは、人によってさまざまでしょう。善悪の思いが間に合わなくなったところ。なぜ生きるのかが問題になったところ。死や罪に直面したところ。生きることの重さ苦しさを抱えてなど。そのような問題をとおして、一人ひとりが、教えを縁として期せずして出遇われるのが「誓願不思議《せいがんふしぎ》」といわれる如来なのでしょう。

親鸞聖人の妻である恵信尼《えしんに》様は、念仏に生きる親鸞聖人に対して人々がさまざまな疑難を投げかけた時、聖人は念仏について、こういう道理によって私を救っ

てくださるから、私にとっては念仏なのですというういい方ではなく、

世々生々《せせしょうじょう》にも迷《まよ》いければこそありけめ、とまで思いまいらする身《み》なれば

（長い間果てしなく迷いに迷い続けてきたと思うほかにない身であるからこそ念仏なのです）

（聖典第二版七五五頁）

とお答えになっておられたということを伝えてくださっています。ここに、本願と私たちとの関係が教えられます。迷いや悩みを離れられない身であればこそいただかれるのが本願であり、そこに、本願が浄土往生の生活を開いてくださるのであります。

十　報恩講のこころ

五帖目第十一通

五帖目第十一通「御正忌の御文」

【本文】

抑《そもそ》も、この御正忌《ごしょうき》のうちに参詣《さんけい》をいたし、こころざしをはこび、報恩謝徳《ほうおんしゃとく》をなさんとおもいて、聖人《しょうにん》の御《おん》まえにまいらんひとのなかにおいて、信心《しんじん》を獲得《ぎゃくとく》せしめたるひともあるべし、また不信心《ふしんじん》のともがらもあるべし。もってのほかの大事《だいじ》なり。そのゆえは、信心《しんじん》を決定《けつじょう》せずは、今度《こんど》の報土《ほうど》の往生《おうじょう》は不定《ふじょう》なり。されば不信《ふしん》のひとも、すみやかに決定《けつじょう》のこころをとるべし。

人間《にんげん》は不定《ふじょう》のさかいなり。極楽《ごくらく》は常住《じょうじゅう》の国《くに》なり。されば不定《ふじょう》の人間《にんげん》にあらんよりも、常住《じょうじゅう》の極楽《ごくらく》をねがうべきものなり。されば当流《とうりゅう》には、信心《しんじん》のかたをもって、さきとせられたる、そのゆえをよくしらずは、いたずらごとなり。いそぎて安心《あんじん》決定《けつじょう》して、浄土《じょうど》の往生《おうじょう》をねがうべきなり。

それ人間《にんげん》に流布《るふ》してみなひとのこころえたるとおりは、なにの分別《ふんべつ》もなく、くちにただ称名《しょうみょう》ばかりをとなえたらば、極楽《ごくらく》に往生《おうじょう》すべきようにおもえり。それはおおきにおぼつかなき次第《しだい》なり。他力《たりき》の信心《しんじん》をとるというも、別《べつ》のことにはあらず。南無阿弥陀仏《なむあみだぶつ》の六《む》つの字《じ》のこころをよくしりたるをもって、信心決定《しんじんけつじょう》すとはいうなり。

そもそも信心《しんじん》の体《たい》というは、『経《きょう》』（大経）にいわく、「聞其名号信心歓喜《もんごみょうごうしんじんかんぎ》」といえり。善導《ぜんどう》のいわく、「「南無《なむ》」というは帰命《きみょう》、またこれ発願回向《ほつがんえこう》の義《ぎ》なり。「阿弥陀仏《あみだぶつ》」というはすなわちその行《ぎょう》」（玄義分）といえり。南無《なむ》という二字《にじ》のこころは、もろもろの雑行《ぞうぎょう》をすてて、うたがいなく一心一向《いっしんいっこう》に阿弥陀仏《あみだぶつ》をたのみたてまつるこころなり。さて阿弥陀仏《あみだぶつ》という四《よ》つの字《じ》のこころは、一心《いっしん》に弥陀《みだ》を帰《き》命《みょう》する衆生《しゅじょう》を、ようもなくたすけたまえるいわれが、すなわち阿弥陀仏《あみだぶつ》の四《よ》つの字《じ》のこころなり。されば南無阿弥陀仏《なむあみだぶつ》の体《たい》をかくのごとくこころえわけたるを、信心《しんじん》をとるとはいうなり。これすなわち他力《たりき》の信心《しんじん》をよくこころえたる念仏《ねんぶつ》の行《ぎょう》者《じゃ》とはもうすなり。あなかしこ、あなかしこ。

（聖典第二版一〇〇六～一〇〇七頁）

【意訳】

さて、この親鸞聖人の御正忌報恩講《ごしょうきほうおんこう》（親鸞聖人の祥月命日）に志《こころざし》をもって参詣《さんけい》をし、報恩謝徳の思いを遂《と》げようとして聖人の御影前《ごえいぜん》にこられた人の中において、信心を獲得《ぎゃくとく》された人もおられるでしょう。また不信心の人もおられるでしょう。信・不信の問題は何よりも大事なことです。なぜなら、信心を決定《けつじょう》しなければ、この度《たび》の報土（浄土）の往生は定まらないからです。ですから、不信の人は、すみやかに往生決定の信心を獲《え》なければなりません。

人間は定《さだ》めなき境遇《きょうぐう》であり、極楽は常住《じょうじゅう》の国です。ゆえに、定めなき人間の境遇にとどまっているよりも、常住の極楽を願うべきであります。そのためには、真宗においては信心が肝要《かんよう》とされていますが、そのことをはっきりと知らなければ無駄ごとになるのです。急いで信心を決定して、浄土への往生を願うべきであります。

ところが、世間に広まっていて多くの人が思っていることは、何のわきまえもなく、口にただ称名《しょうみょう》のみを称《とな》えるなら、極楽に往生ができるのではないかということです。しかしそれでは、まったく頼りにならない話です。他力の信心を獲るというのは、別のことではありません。「南無阿弥陀仏」の六字のこころをよく知ることを、信心を決定するというのです。

　そもそも信心とは何かといえば、『大経』に「聞其名号《もんごみょうごう》　信心歓喜《しんじんかんぎ》（名号のこころを聞いて、信心歓喜するであろう）」と説かれており、その名号のこころを善導大師は「南無というのは帰命、またこれ発願回向《ほつがんえこう》の義なり。阿弥陀仏というのはすなわちその行なり」と教えてくださっています。今、その善導大師の釈《しゃく》の意を申しますなら、「南無」の二字のこころはさまざまな行をたのむ心をすてて、疑うことなく、一心一向に阿弥陀仏をたのむということです。また「阿弥陀仏」という四つの字は、一心に弥陀に帰命する衆生を、仏がたやすくたすけてくださる道理をあらわしています。それが「阿弥陀仏」の四字のこころなのです。そのように南無阿弥陀仏について会得《えとく》できたことを、信心を獲るというのです。また、その人を、他力の信心をよく心得た念仏の行者というのであります。あなかしこ、あなかしこ。

■聖人のご入滅

ご正忌《しょうき》に　終わり　始まる　月日《つきひ》かな

この句は、ずいぶん以前になりますが、今は亡くなられました、あるお寺の総《そう》代《だい》の方から教えられた句です。聞法《もんぼう》を生活の中心にされていた、その方が偲《しの》ばれます。

十一月は親鸞聖人の御正忌《ごしょうき》（聖人の祥月《しょうつき》法要）の月であり、本山である京都の東本願寺では二十一日から二十八日までの間、報恩講《ほうおんこう》が勤《つと》められます。

聖人のご生涯を記したものに、覚如上人《かくにょしょうにん》があらわされました『御伝鈔《ごでんしょう》』があります。報恩講に拝読されますが、それには、聖人のご入滅《にゅうめつ》の様子が次のように記されています。

聖人《しょうにん》、弘長二歳《こうちょうにさい》　壬戌《みずのえいぬ》　仲冬下旬《ちゅうとうげじゅん》の候《こう》より、いささか不例《ふれい》の気《き》まします。自爾以来《それよりこのかた》、口《くち》に世事《せじ》をまじえず、ただ仏恩《ぶっとん》のふかきことをのぶ。声《こえ》に余言《よごん》をあらわさず、もっぱら称名《しょうみょう》たゆることなし。しこうして同《おな》じき第八日午《だいはちにちうま》の時《とき》、頭北面西右脇《ずほくめんさいうきょう》に臥《ふ》し給《たま》いて、ついに念仏《ねんぶつ》の息《いき》たえましましおわりぬ。

（親鸞聖人は弘長二（一二六二）年十一月下旬の頃からご病気になられました。それからは、口に世事を述べられることはなく、ただ仏恩の深いことだけを口にされ、もっぱら念仏を称え続けておられました。そして二十八日正午に、頭北面西右脇に臥されて、ついに念仏の息を絶《た》えられたのであります。）

（聖典第二版八九二頁）

蓮如上人は、戦国乱世にあって報恩講を勤め続けられました。そして、何通かの「報恩講御文」をお書きになっています。今回の「御文」は、その中の一通です。

上人は報恩講を、信不信を問い、一人ひとりが信心を決定《けつじょう》するべき大切なお仏《ぶつ》事《じ》であることを「報恩講御文」で繰り返し述べておられます。信心を明確にすることこそが人間にとっての一大事であり、また、親鸞聖人のご恩に報いるただ一つの道であるとの思いからでありましょう。上人は、親鸞聖人のご生涯を偲《しの》んで『御俗姓《ごぞくしょう》』（「それ、祖師聖人《そししょうにん》の俗姓《ぞくしょう》をいえば、藤氏《ふじうじ》として」ではじまる「御文」）をお書きになっていますが、その結びには、此《こ》の一七《いっしち》か日報恩講中《にちほうおんこうじゅう》において、他力本願《たりきほんがん》のことわりをねんごろにききひらきて、専修一向《せんじゅいっこう》の念仏行者《ねんぶつぎょうじゃ》にならんにいたりては、まことに、今月聖人《こんがつしょうにん》の御正日《ごしょうにち》の素意《そい》に相叶《あいかな》うべし。これしかしながら、真実真実《しんじつしんじつ》、報恩謝徳《ほうおんしゃとく》の御《おん》仏事《ぶつじ》となりぬべきものなり。

(この七日間勤修《ごんしゅう》されます報恩講の間に、他力本願の道理を充分に聞いて、念仏一つに救われていく身になられますなら、まことに、今月の聖人の御正忌をお勤めする本意にもかなうでありましょう。それであってこそ、報恩謝徳のお仏事となるのであります。)

(聖典第二版一〇二二頁)

とあります。

今回の「御文」には、「不定《ふじょう》の人間にあらんよりも、常住《じょうじゅう》の極楽をねがうべきものなり(定めなき人間の境遇にとどまっているよりも、常住の極楽を願うべきであります)」と述べられて、人間世界にのみとらわれた私たちのあり方に問いを投げかけられています。そして、かさねて「いそぎて安心決定して、浄土の往生をねがうべきなり（急いで信心を決定して、浄土への往生を願うべきであります）」と、信心をはっきりして、浄土をこそ本国として生きる明確な生活の確立をすすめておられるのであります。

■仰せにたまわる信

上人は、信心を明らかにするについて、「南無阿弥陀仏の六つの字のこころ」を知ることであると、まず目印をはっきりと示されています。そしてそこから、『大無量寿経』に、信心が開かれる道理として説かれています「聞其名号《もんごみょうごう》　信心《しんじん》歓喜《かんぎ》（名号のこころを聞いて、信心歓喜するであろう）」との経文を記されて、その「南無阿弥陀仏のこころ」を、善導大師があらわしてくださいました「「南無《なむ》」というは帰命《きみょう》、またこれ発願回向《ほつがんえこう》の義《ぎ》なり。「阿弥陀仏」というはすなわちその行《ぎょう》」との言葉をもって、信心を明らかにしていかれるのであります。善導大師のこの言葉は、さまざまな営みを抱えながら、人々によって「ナムアミダブツ　ナムアミダブツ」と称えられ続けてきた、その称名念仏には、如来の本願を自らの願いとして生きる、決して失われることのない意欲と、そのことが開く救いの喜びがあらわされていることを述べられたものです。

そのように信心は、「南無阿弥陀仏のこころ」をあらわしてくださっている教えをとおして、一人ひとりに開かれるものであります。そのことは、個人の能力は関係がないことを意味しています。問題は、日々の生活の中で信心を開き、信心を育《はぐく》んでくださる教えがあるかどうかです。そして、そこで大事なのは「聞」の一字です。教えは理解するものではなく、仰せとしていただくものであるということです。また逆にいえば、仰せとしていただくことができるものが、教えなのであります。そこに思いを超えて、教えのまことが、私のうえに〝南無阿弥陀仏〟と本願の信心を発起《ほっき》せしめてくださるということです。信心は、常に教えをとおしてたまわり続けていくものなのでありましょう。

報恩講の御満座《ごまんざ》（最後の勤行《ごんぎょう》）には、

如来大悲《にょらいだいひ》の恩徳《おんどく》は
身《み》を粉《こ》にしても報《ほう》ずべし

師主知識《ししゅちしき》の恩徳《おんどく》も
ほねをくだきても謝《しゃ》すべし
（聖典第二版六一七頁）

との「恩徳讃《おんどくさん》」で結ばれる三首のご和讃があげられますが、その第一首目は、

三朝《さんちょう》浄土《じょうど》の大師等《だいしとう》
哀愍摂受《あいみんしょうじゅ》したまいて
真実信心《しんじつしんじん》すすめしめ
定聚《じょうじゅ》のくらいにいれしめよ
（同前）

です。聖人、八十五歳の頃のご和讃ですが、聖人は三朝浄土の大師（印度・中国・日本の念仏に生きられた七高僧）に対して、信心をすすめて、仲間に加えてくださることをお願いしておられるのです。聖人がどのようにして九十年の生涯を念仏に生きていかれたのかが教えられるご和讃であります。

十一　白骨の御文

五帖目第十六通（一）

五帖目第十六通　「白骨の御文」

【本文】

夫《そ》れ、人間《にんげん》の浮生《ふしょう》なる相《そう》をつらつら観《かん》ずるに、おおよそはかなきものは、この世《よ》の始《し》中終《ちゅうじゅう》、まぼろしのごとくなる一期《いちご》なり。されば、いまだ万歳《まんざい》の人身《にんじん》をうけたりという事《こと》をきかず。一生《いっしょう》すぎやすし。いまにいたりて、たれか百年《ひゃくねん》の形体《ぎょうたい》をたもつべきや。我《われ》やさき、人《ひと》やさき、きょうともしらず、あすともしらず、おくれさきだつ人《ひと》は、もとのしずく、すえの露《つゆ》よりもしげしといえり。

されば朝《あした》には紅顔《こうがん》ありて夕《ゆうべ》には白骨《はっこつ》となれる身《み》なり。すでに無常《むじょう》の風《かぜ》きたりぬれば、すなわちふたつのまなこたちまちにとじ、ひとつのいきながくたえぬれば、紅顔《こうがん》むなしく変《へん》じて、桃李《とうり》のよそおいをうしないぬるときは、六親眷属《ろくしんけんぞく》あつまりてなげきかなしめども、更《さら》にその甲斐《かい》あるべからず。さてしもあるべき事《こと》ならねばとて、野外《やがい》におくりて夜半《よわ》のけぶりとなしはてぬれば、ただ白骨《はっこつ》のみぞのこれり。あわれというも中々《なかなか》おろかなり。

されば、人間《にんげん》のはかなき事《こと》は、老少不定《ろうしょうふじょう》のさかいなれば、たれの人《ひと》もはやく後生《ごしょう》の一大事《いちだいじ》を心《こころ》にかけて、阿弥陀仏《あみだぶつ》をふかくたのみまいらせて、念仏《ねんぶつ》もうすべきものなり。あなかしこ、あなかしこ。

（聖典第二版一〇一〇～一〇一一頁）

【意訳】

さて、浮雲《うきぐも》のような、定《さだ》めなき人の世のありさまを、つくづく思いみますに、まことにはかないものは、始めから終わりまで、幻《まぼろし》のようなこの世の一生であります。いまだかつて、万年の寿命を受けたという話を聞いたことはありません。一生は、過ぎやすいものであります。末代の今の時、誰が百年の命を保つことができましょうか。自分が先になるか、人が先になるか、今日かもしれず、明日かもしれず、いずれ死にゆく人は、あたかも木の根元《ねもと》のしずく、葉末《はずえ》の露《つゆ》の後先《あとさき》よりも激しいといわれています。

まことに、朝《あした》には血潮《ちしお》が通《かよ》う紅《くれない》の顔も、夕べにはただ白骨となる身であります。

ひとたび無常の風が吹けば、二つの眼《まなこ》はたちまちに閉じ、一つの息が永遠《とわ》に絶えてしまえば、紅顔《こうがん》は空《むな》しく変わって、桃李《とうり》（モモやスモモ）のような美しい姿も消え失《う》せてしまうのです。その時に、父母兄弟や妻子親族が集まって、どれほど歎《なげ》き悲しんだとしても、もはや、どうにかできるものではありません。そのままにして悲しんでいるわけにもいかないので、野辺《のべ》に送って夜半《よわ》の煙《けむり》（「夜たちのぼる煙」ということで、特に火葬の煙のこと）となってしまうなら、残るものはただ白骨のみであります。悲しいというくらいでは、とても、この心をあらわすことができるものではありません。

されば、人間のはかないことは老いも若いも、どちらが先とも定めのないこの世であります。どのような人も、早く後生の一大事に心をかけて、阿弥陀仏を深くたのみ、念仏を申すべきであります。あなかしこ、あなかしこ。

■白骨の遺教《ゆいきょう》

「夫《そ》れ、人間の浮生なる相をつらつら観ずるに（さて、浮雲のような、定めなき世のありさまを、つくづく思いみますに）」ではじまります「白骨の御文」は、人生の無常が述べられていて、心に深くとまる「御文」であります。

ところで親鸞聖人は、無常について、まったくといっていいほど述べておられません。人間の惑いの果てしなさや罪業の深さを述べられて、そのような身の救いの法（真実）として、本願を教えてくださっているのであります。親鸞聖人の語録がまとめられています『歎異抄』にも、無常ということは、ほとんど述べられていません。それに対して、蓮如上人の『御文』には無常が印象深く述べられているところから、親鸞聖人と蓮如上人、それぞれが教えてくださっている事柄について、「親鸞聖人の罪悪感に対して、蓮如上人の無常感」といわれたりします。

しかし、ある方が「蓮如上人の無常観は、『御文』の中心にあるものではなく、むしろ、周辺に記されているものである」（堀美佐子氏「蓮如の無常観」）という意味のことをおっしゃっています。これは、『御文』をいただいてまいります場合に大切なご指摘であると思われます。ご指摘をとおして、よくよく『御文』をいただきますと、無常について述べられている「御文」が、全体の一割ほどありますが、『御文』が無常を中心にして説かれているとはいえないことに気づかされるのです。『御文』の中心には、親鸞聖人と同じように、人間の愚かさや罪業の深さが述べられているのです。しかしまた、『御文』には、親鸞聖人がまったくといっていいほどお述べになっていない無常について、述べられていることも事実です。

そこには、蓮如上人が生きられた時代が、戦国乱世という明日をもしれない日々を人々が生きていた時代であったことが思われます。そして、今一つ思われますことは、蓮如上人が、生涯に妻子を十一人も亡くしておられることです。無常を述べた「御文」を、五十九歳から六十歳にかけて特にたくさん書いておられますが、直前の五十六歳から五十八歳の間には妻一人、子ども三人を亡くしておられます。そのことを思います時、「白骨の御文」をいつ書かれたのかは不明ですが、戦国乱世にあって多くの近親を亡くしていかれた上人が、死別をとおして、その方々の白骨からお聞きになっていかれた、いわば遺教《ゆいきょう》を表現なさったものであるといただかれます。そして私たちに、愛する人々との死別をどのように受けとめていけばよいのか、その方向を示してくださっている「御文」であるといただかれるのであります。

以前に読んで印象深く残っています、浅田正作《あさだしょうさく》氏の「納骨堂」というタイトルの詩をご紹介させていただきます。

小さな壺《つぼ》に入った
一片の白骨に
すべての言葉を奪われて
ただ　その呼びかけを聞く

（『骨道を行く』法藏館発行一三三頁）

■人生の一大事

「白骨の御文」は、存覚上人《ぞんかくしょうにん》（覚如上人の長男）があらわされました『存覚法語』がもとになっています。さらには、『存覚法語』に引かれています、承久《じょうきゅう》の乱に敗れた後鳥羽上皇《ごとばじょうこう》が隠岐《おき》へ流されて作られました『無常講式《むじょうこうしき》』がもとになっています。今「露よりもしげしといえり」とありますが、それは、『無常講式』に、人の世の無常の激しさについて、そのように書かれているという意味です。

「夫《そ》れ、人間の浮生なる相をつらつら観ずるに」との言葉には、確かなものを持ち合わせることなく生きている、私たちの足元が照らしだされます。そして、それを受けて、人生の無常のすがたが述べられていきます。「いまにいたりて、たれか百年の形体《ぎょうたい》をたもつべきや。我やさき、人やさき、きょうともしらず、あすともしらず、おくれさきだつ人は、もとのしずく、すえの露よりもしげしといえり」、ほとんどの人は百年の寿命を生きることは不可能です。次々と亡くなっていき、老人が先で、若者が後と決まったものではありません。そのさまは、雨の日に、木の幹を激しく雨が伝い流れるように、また木の葉末《はずえ》から水滴《すいてき》が後先《あとさき》をえらぶことなく絶え間なく落ちるように、はなはだしいものであります。

さらに「御文」では、どれだけ若々しく美しい時があったとしても、いのち終われば、その美しさも消えていくさまが述べられて、「六親眷属《けんぞく》あつまりてなげきかなしめども、更にその甲斐あるべからず」と、共に生きた人の命終《みょうじゅう》の悲しみが記されています。そして、「さてしもあるべき事ならねばとて（そのままにして悲しんでいるわけにもいかないので）」と、悲しみを吹っ切るようにして火葬にふすさまが述べられて、白骨と対面する思いを「あわれというも中々おろかなり（悲しいというくらいでは、とても、この心をあらわすことができるものではありません）」と、心を絶する悲しみが述べられているのであります。

そして、そのように述べてきた全体を「されば」と受けて、その悲しみを縁として「人間のはかなき事は、老少不定のさかいなれば、たれの人もはやく後生の一大事を心にかけて、阿弥陀仏をふかくたのみまいらせて、念仏もうすべきものなり（人間のはかないことは老いも若いも、どちらが先とも定めのないこの世でありますす。どのような人も、早く後生の一大事に心をかけて、阿弥陀仏を深くたのんで、念仏を申すべきであります）」と、結んでおられるのであります。

このようにいただきますと、無常を単に歎《なげ》いておられるのでも、人生は無常だからつまらないとおっしゃっているのでもないことが知らされます。別れの悲しみをくぐって、無常は、私たちが「後生の一大事（人生の一大事）」を抱えている身であることに気づかせてくださる縁であることを教えられているのです。そして、その一大事の課題に応答してくださる如来の本願をいただき、念仏を申して生きることをすすめてくださっているのであります。曽我量深先生の、

人間の世界は仏道修行すべき尊い世界である。我等の世界は生死無常だから仏道修行に適している

（『曽我量深講義集』第六巻　彌生書房発行六九頁）

とのお言葉が、思い起こされることであります。

十二　願に生きる

五帖目第十六通（二）

■弥陀をたのむ

「白骨の御文」は、人生の無常を縁として大悲の本願に依り、念仏を申しつつ生きる生活を開くことの大切さを教えてくださっている「御文」であります。ところで『御文』には、たびたび、『大無量寿経』に果位《かい》として説かれていますす「弥陀をたのむ」という表現が出てきます。今も「阿弥陀仏をふかくたのみまいらせて」とあります。この表現は、親鸞聖人には見られないものです。聖人の場合は「弥陀をたのむ」ではなく、迷いや悩みを抱えて生きている私たちを担《にな》い、私たちの「我れ」となって救いの世界を開いてくださいます因位《いんに》法蔵菩薩の「本願他力をたのむ」、あるいは「誓いをたのむ」とあります。このことをどのようにいただけばよいのでしょうか。

ともしますと、『御文』には「弥陀をたのむ」とあることから、向こうに阿弥陀仏を思い浮かべることによって救われていこうとする、対象的な信仰が説かれているように受けとられることがあります。しかしそうではなく、そこには、先（一二五頁・五三頁）に述べました、『御文』は理解するものではなく、聴くことをとおしていただくものであるということがあるのでしょう。その、特に大切な一語が「弥陀をたのむ」であります。

「弥陀をたのむ」という表現は、「御文」を、「聴く」という姿勢でいただく私たちに対して、〝南無阿弥陀仏〟と発起《ほっき》する本願の信を成就してくださる一語であるということです。『帖外御文《じょうがいおふみ》』（『五帖御文』以外の「御文」）に、

みなひとの本願をたのむとはいえども、さらにおもいいれて弥陀をたのむひとなきがゆえに往生をとぐることとまれなり。

（人々が本願をたのむとはいうけれども、さらに徹底して弥陀をたのむ人がいないから、往生をとげることがまれなのです。）

（『真宗史料集成』第二巻　同朋舎発行二九三頁）

とあります。それは、本願を対象的にとらえたり、頭で理解したりする人はいるけれども、「弥陀をたのむひと」、すなわち、さらに徹底して、善し悪しの思いを立場にすることをやめて、〝南無阿弥陀仏〟と発起する本願をこそ自己として生きる人がいない、それで救いの喜びを得る人がまれであるということです。

このことからしますなら、『御文』の「弥陀をたのむ」という表現は、「御文」をいただく私たち一人ひとりに本願の信を成就し、その本願が開く阿弥陀なる世界（浄土）への方向をあらわしている言葉なのでしょう。

■願に生きよ

親鸞聖人の教えの眼目が「願に生きる」にあることを、明確に教えてくださったのが曽我量深先生です。聖人の七百回御遠忌の時（一九六一年）に、先生の生涯にわたる学びをとおして、聖人の教えを「信に死し　願に生きよ（自らの思いを立場にした生き方に死んで　如来の本願に生きよ）」という、簡潔な言葉で表現してくださいました。この言葉によって、どれだけ多くの人が励《はげ》まされてきたかわかりません。

私たちは、複雑きわまりない不安な現実を生きています。また、常に老病死《ろうびょうし》や愛別離苦《あいべつりく》（愛する人との別れの苦しみ）への恐れを抱えて生きています。そのような私たち一人ひとりの身に、依って生きる真実が、すでに「本願」として与えられていることを教えてくださっているのが念仏の教えです。聖人に「既《すで》にして悲願有《いま》す」（聖典第二版三八〇頁等）というお言葉があります。本願は、〝南無阿弥陀仏〟と名号《なの》ることによって私たちの生きる根拠となり、救いの世界である浄土を開いてくださる真実です。またそのことによって、現実を放り出すことなく生きていく生活を成り立たせてくださる真実であります。

蓮如上人は戦国乱世という動乱の中を、親鸞聖人の教えを光として人々と共に、本願を根拠に生き抜いていかれたのでありましょう。蓮如上人六十三歳、老いの寂《さみ》しさの中でお書きになりました「御文」があります。

ただいたずらにあかし、いたずらにくらして、老《おい》のしらがとなりはてぬる身《み》のありさまこそかなしけれ。されども今日《きょう》までは無常《むじょう》のはげしきかぜにもさそわれずして、わが身《み》ありがおの体《てい》を、つらつら案《あん》ずるに、ただゆめのごとし、まぼろしのごとし。いまにおいては、生死出離《しょうじしゅつり》の一道《いちどう》ならでは、ねがうべきかたとてはひとつもなく、またふたつもなし。これによりて、ここに未来悪世《みらいあくせ》のわれらごときの衆生《しゅじょう》を、たやすくたすけたまう阿弥陀如来《あみだにょらい》の本願《ほんがん》のましますときけば、まことにたのもしく、ありがたくもおもいはんべるなり。

（むなしく暮らし明かして、老いの白髪《しらが》となってしまった身のありさまこそ、悲しくてなりません。しかし、今日までは無常の激《はげ》しい風に誘《さそ》われることもなく、いかにも自分はいつまでも生きているつもりでいるが、よくよく思いみるに、ただ夢のごとく、幻《まぼろし》のようなものであります。今となっては、生死出離の一道の外《ほか》に願うことはさらにありません。これによって、ここに末代悪世を生きる我らのような衆生を、たやすくたすけてくださる阿弥陀如来の本願がましますと聞くなら、まことにたのもしく、有り難く思うのであります。）

（聖典第二版九八三〜九八四頁）

この「御文」には、老いの寂しさを抱えながらも、〝本願たのもし〟と本願に生きていかれた上人の鼓動《こどう》が聞こえてきます。

最後に確かめておきたいことがあります。それは、念仏の教えは自らの死をどのように受けとめることを教えてくださっているのかという問題です。親鸞聖人

はお手紙の中で、

往生《おうじょう》は、なにごともなにごとも、凡夫《ぼんぶ》のはからいならず、如来《にょらい》の御《おん》ちかいに、まかせまいらせたればこそ、他力《たりき》にてはそうらえ。

（聖典第二版六九五頁）

と教えてくださっています。『歎異抄』に、

一生《いっしょう》のあいだ、おもいとおもうこと、みな生死《しょうじ》のきずなにあらざることなければ

（一生の間に思うことのすべてが、迷いの元にならないものはないのですから）

（聖典第二版七七八頁）

とありますが、そのような凡夫の身において、本願を憶念し本願にまかせることを教えてくださっているのであります。そこに、さまざまな執《とら》われから解放されて、生死を超えた広やかな世界が開かれていくのでありましょう。親鸞聖人はお手紙の中で、

浄土にて、かならずかならずまちまいらせそうろう

（聖典第二版七四三頁）

とおっしゃっています。それは、実体的に死後の世界としての浄土を思い描《えが》いておっしゃっているのではなく、本願を憶念なさることの中で、本願が開いてくださる世界（浄土）への方向において、おっしゃっているお言葉であるといただかれることであります。

おわりに

『御文』ほど、わが国において、多くの人々に親しく読まれ続けてきた宗教の書はないのではないかと思います。日々の朝夕のお勤《つと》めの時、法事の時、寺院での仏事の時。さらには、私は山間《やまあい》の寺の住職をしていますが、一昔前までは山仕事などに持っていき、休憩時間や炭焼きで山小屋に宿泊する時にも読まれていたと聞いた記憶があります。また、私の知っている方で、家族が集まる居間《いま》の棚《たな》に『御文』を置いておき、一人の時などに読むことを喜びとしておられた方がおられました。

そのようにして、人々の宗教心を育《はぐく》み続けてきたのが『御文』であり、またそのメッセージ性によって、人々の生きる力の源泉や、日々の生活に深い充足感を与えるものとしていただかれてきたのが『御文』であったと思われます。

かつてのマルキシズムが盛んであった頃、安田理深《やすだりじん》師の言《げん》として、「マルキシズムには『御文』がない」という言葉を聞いたことがあります。それは、民衆の言葉がないということであり、人々の生活感覚に溶《と》け込むような表現がないという意味だと思われます。『御文』には、人々の毎日の生活とのへだたりを感じさせない、生活と一枚になった宗教性があることを思います。

はじめて、蓮如上人が「御文」を書かれたのは、上人四十七歳。金森《かねがもり》の道西《どうさい》に、上人自らが読んで与えられたのですが、その時に「在家の男女《なんにょ》のために書いたのだから、文《ふみ》というべし」(『御文歓喜鈔』取意)といわれたことが伝えられています。

以前、上人について「方便《ほうべん》の達人」であるという意味の言葉に出会ったことがあります。それは、人々との深い感応力《かんのうりょく》から、相手に応じて、念仏のこころを人々に開く縁となっていかれた上人の徳《とく》を表現したものであると思います。そのような上人の徳は、上人の生涯を知り、また『御文』や上人の言行《げんこう》が集められた『蓮如上人御一代記聞書』等を開くなら、誰しもが感じるものではないかと思います。

そのような上人の徳は生来《せいらい》のものであったとも思われますが、特に父存如《ぞんにょ》の正《せい》妻《さい》の子ではなかったところからくる、幼・少・青年期の境遇《きょうぐう》によるものが大きかったのではないかと想像されます。そのことは「部屋住《へやずみ》の身（世帯をかまえさせてもらえない身）」という言葉であらわされていますが、毎日の食事にも窮《きゅう》することがあるような貧しい生活。しかしまた、それ故に自由に若い頃から琵琶湖周辺の堅田《かただ》の商業や手工業等、さまざまな職種の人々との交わりに生きることができたことによって培《つちか》われたものが大きかったのではないかと思われます。私が蓮如上人に関心を持ちはじめた頃に出会った歌があります。それは、今井亮昭師から教えられたものですが、

法住《ほうじゅう》と　名号《なの》る男云《い》う　裏おもてなき　同朋として　生きられよ

という蓮原昭氏の句です。法住は上人よりもかなり年長で、上人を支えた一人です。堅田門徒の統領としてまとめ役をしていた人間性豊かな人物で、上人に人々との交わり方を教えた人だったのではないでしょうか。

『御文』の文章や文体を詳細に検証《けんしょう》された国文学者の片岡了氏は、『御文』の特徴の一つとして、「当事者的視点《とうじしゃてきしてん》」（「御文」を受けとる人の側の視点）を指摘しておられます。そして、『御文』は読むものではなく聴くものであり、聴く人の立場に立ってあらわされたものが『御文』である。さらに、聴く人に対して、自《おの》ずと信を開くものが『御文』である旨《むね》のことを教えてくださっています。

このご指摘をとおして、これまで仏事等で『御文』が読まれる時、皆が頭を下げて聴き入る姿勢をとっていたのはなぜなのかが納得《なっとく》されます。そしてまた、なぜ『御文』が人々に読まれ続けてきたのかがわかるように思われます。先に述べました、生活と一枚の感覚に立った表現であることの上に、さらに、『御文』は理解をする必要がないものだということです。ただ聴くこと、そのことによって信を開くものが『御文』であるということです。理解しなくてはならないものなら、忙しい日々の生活の中でいただくことはとてもできません。理解することを求めて書かれたものではない。そこに、日常生活に溶《と》け込んで多くの人々に読まれ続けてきた、希有《けう》な宗教の書であったゆえんがあるのではないでしょうか。

おわりに

本書は、五帖御文全体八十通の中から、特に日ごろ親しまれてきました八通について、二〇一三年二月号から二〇一四年一月号の『同朋新聞』に書かせていただいたものに若干の加筆訂正を加えたものです。『御文』が持つ迫力あるメッセージ性を阻害《そがい》することにならないかを恐れながらも、『御文』をお読みになられます一助ともなりますならばと思うことであります。

二〇一九年七月一日

廣瀬　惺

廣瀬　惺（ひろせ　しずか）

1946（昭和21）年、岐阜県に生まれる。大谷大学卒業。

元同朋大学教授。大垣教区第九組妙輪寺前住職。

著書は『本願の仏道』（文栄堂）、『『浄土文類聚鈔』に学ぶ』、『「顕浄土真実行文類」講讃』、『阿弥陀経に学ぶ』（東本願寺出版）など。

『御文《おふみ》』のこころ—蓮如上人《れんにょしょうにん》からの手紙《てがみ》—

2019（令和 元）年 8 月28日　初　版第 1 刷発行
2024（令和 6 ）年11月15日　第 2 版第 1 刷発行

著　　者　廣瀬　惺
発 行 者　木越　渉
発　　行　東本願寺出版（真宗大谷派宗務所出版部）
〒600-8505　京都市下京区烏丸通七条上る
TEL　075-371-9189（販売）
075-371-5099（編集）
FAX　075-371-9211
印刷・製本　（有）寶印刷工業所
デザイン　株式会社アンクル

ISBN978-4-8341-0606-0　C0015